永遠的農業人

Mr. Agriculture : Lee Teng-Hui

——李登輝與臺灣農業

江昺崙．陳慧萍　著

李登輝在臺北市長任內，前往北投八仙里慰問幫助農民收割的國軍，並親自操作脫穀機。（李登輝基金會提供）

戰後李登輝轉學到臺灣大學農經系就讀，奧田彧教授非常欣賞他，希望他畢業後留在農經系擔任助教。照片為 1947 年奧田教授（前排左一）歸國前，與農業經濟系師生合影，李登輝在後排右三。（國史館提供）

身兼農復會技正與臺灣大學副教授的李登輝（後排右一），也在中興大學農業經濟研究所兼課。（國立中興大學提供）

李登輝擔任臺灣省農林廳技士期間，做了不少農村調查工作，與臺灣各地農村有深入接觸。（國史館提供）

任臺灣省農林廳技士時，李登輝協助執行農民記帳等計畫，經常訪問農家。（國史館提供）

李登輝偕同日籍教授視察臺糖甘蔗場，調查三年輪作情形。（國史館提供）

李登輝於 1965 年赴康乃爾大學攻讀博士學位，一家人在機場合影。（李登輝基金會提供）

李登輝在康乃爾大學與魯賓遜教授合照。（李登輝基金會提供）

◀1995 年 6 月，李登輝重返母校康乃爾大學，以「民之所欲，長在我心」為題發表演說。（聯合報）

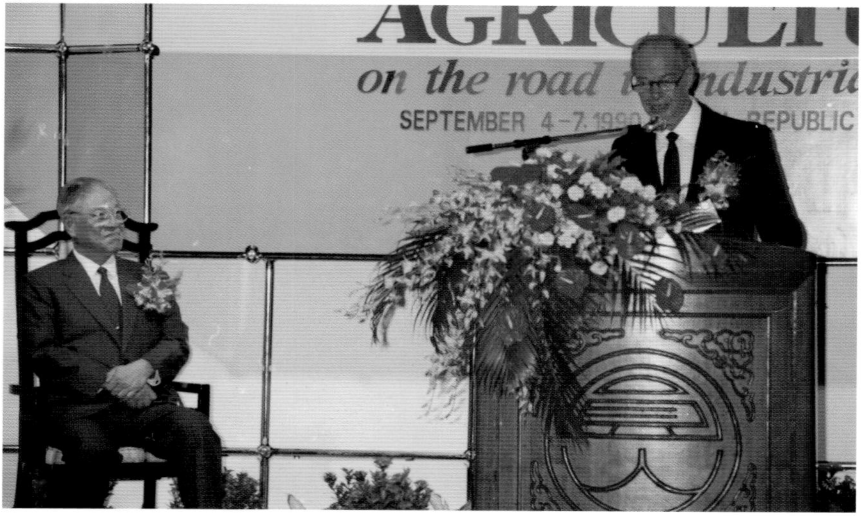

李登輝在康乃爾大學的博士論文指導教授梅勒（John W.Mellor）於 1990 年 4 月受邀訪台，以主辦單位國際糧食政策研究所所長身分在「工業化過程中農業發展策略研討會」中致詞。（聯合報）

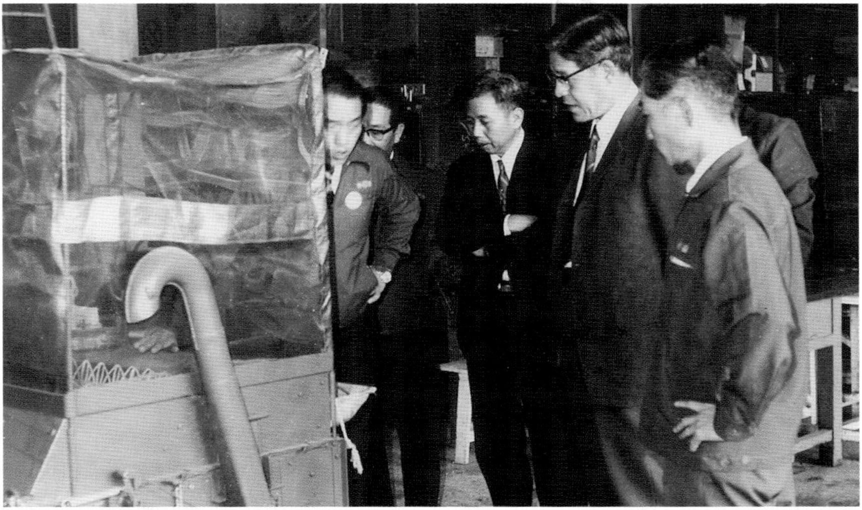

政務委員任內，參觀農機用品工廠。（李登輝基金會提供）

1979 年農民節前夕，臺北市長李登輝夫婦到陽明山模範農民家裡訪問，實地了解農民栽培花卉的情形。（中央社）

1982 年，臺灣省主席李登輝在省府主管陪同下前往臺中西屯區，拜訪經營水稻育苗中心的農民張恆嘉。（李登輝基金會提供）

李登輝總統關心畜牧業發展，在 1988 年 3 月巡視桃園酪農吳烈嵩牧場。（國史館提供）

1983 年 4 月，省主席李登輝到苗栗縣大湖鄉拜訪草莓園，與農友研究如何擴展草莓外銷。（中央社）

李登輝總統在 1988 年 3 月參觀桃園農業改良場，親自操作改良場開發的雙行式蔬菜移植機。（國史館《李登輝總統照片集》）

▲1988 年，李登輝總統在臺大校長孫震陪同下重返母校，與王益滔（右三）等農經系師生合影。（國史館《李登輝總統照片集》）

◀李登輝 2012 年 10 月回到母校臺灣大學農業綜合館農經大講堂，以「我的人生哲學」發表演說，吸引滿場學生聽講。（中央社）

李登輝總統於 1990 年造訪中興大學惠蓀林場。（國立中興大學提供）

1991 年 10 月，李登輝總統在農委會主委余玉賢（右）陪同下，到臺灣大學農業陳列館，參觀臺灣省農業試驗研究成果展。（中央社）

1997 年 1 月，農委會參事溫理仁（左一）與農委會統計室主任陳月娥（右一），陪同康乃爾大學水利教授 Lavine（右二）與經濟教授 Baker（左二）晉見李登輝總統。（溫理仁提供）

李登輝總統經常安排外賓參訪農業相關行程，曾在 1996 年 10 月邀請馬拉威總統莫魯士至木柵品茗，了解精緻農業發展成果。（中央社）

李登輝擔任臺灣省主席期間，農林廳推動「臺灣省十大傑出專業農民選拔計畫」，表揚納入輔導之專業農民，訂名為「神農獎」。1996 年，李登輝總統在總統府接見神農獎得獎農民。（中央社）

李登輝總統在行政院農委會主委余玉賢陪同下，到世貿中心參觀「一九九一年台北國際花卉展」。（聯合報）

1988 年 7 月，李登輝總統巡視嘉南乾旱地區，前往臺南玉井查看愛文芒果專業區共同運銷場。(國史館《李登輝總統照片集》)

▲1998 年 10 月，李登輝總統在農委會主委彭作奎（中）、畜牧處長陳保基（左）陪同下，參觀「一九九八全國農業科技展」觀賞雞蛋生產自動化設備。（聯合報）

◀李登輝受邀出席 2003 年中華民國稻米協進會會員大會，發表演講指出，臺灣應以世界為中心，發展農業觀光、農產加工及建立稻米期貨交易中心。（中央社）

1998 年，李登輝受邀出席行政院農委會「第四屆全國農業會議」，致詞時引用《未來的衝擊》與《第三波》作者艾文·杜佛勒看法，指出二十一世紀的農業，將以尖端技術帶來大改革。（聯合報）

▲2004年12月李登輝前往京都，拜訪高齡九十八歲的京都帝國大學恩師柏祐賢，兩人闊別一甲子再度重逢，欣喜非常，留下兩家三代合影的珍貴畫面。（中央社）

▶就讀京都帝國大學農業經濟系一年級的李登輝。（李登輝基金會提供）

李登輝 2002 年為台聯高雄市議員候選人助選，一名來自屏東的果農特地前來贈送李登輝自產的木瓜，感謝李登輝任內對農民的照顧。（中央社）

推動「農業基本法」立法是李登輝的心願，2006 年 9 月，李登輝與農訓協會處長丁文郁（左二）、時任農委會企劃處副處長胡忠一（右三）、臺大農經系教授吳榮杰（右二）等農業基本法起草小組成員合影。（丁文郁提供）

李登輝總統卸任後，依然關心農業施政情形，2006 年年底邀集陳希煌（前排左二）、李金龍（前排右一）及蘇嘉全（前排左一）等歷任農委會主委及相關農政主管餐敘，討論農業議題。(廖安定提供）

2007 年，李登輝在麥寮鄉總幹事許丕修（右二）陪同下，重返雲林縣麥寮鄉海豐村視察。（麥寮鄉農會提供）

李登輝在 1956 年時就到麥寮鄉進行農家經濟調查，1970 年代更在當地推動「抗貧農業更新計畫」，建立農漁牧綜合經營專區，與麥寮鄉農民結下不解之緣。（麥寮鄉農會提供）

2009 年 12 月，李登輝與農委會主委陳武雄共同促銷雲林縣生產的柳橙。只要能幫得上農民，他都會大力支持。（中央社）

2010 年，李登輝前往中興大學於「中台灣 ECFA 高峰論壇」發表專題演講，憂心簽署 ECFA 會衝擊臺灣農業。（國立中興大學提供）

2012 年，李登輝在大腸癌手術康復後，展開環島生命之旅。2012 年 4 月在屏東縣長曹啟鴻陪同下，前往來義鄉參觀由日本水利工程師鳥居信平興建的「二峰圳地下堰堤」。（TWIMI 獨立媒體陳育賢提供）

2013 年 5 月，李登輝的「桃園之旅」走訪龍潭百年茶廠「福源茶廠」，由茶廠第四代傳人黃文諒、第五代傳人黃政偉介紹製茶流程。（TWIMI 獨立媒體陳育賢提供）

2012 年 8 月，李登輝「雲彰之旅」最後一站，在雲林縣長蘇治芬、民進黨立委李應元等人陪同下，參訪雲林縣麥寮鄉康富戶養豬場，聽取養豬戶的心聲。（TWIMI 獨立媒體陳育賢提供）

2012 年 8 月參訪雲林縣崙背鄉「欣昌錦鯉養殖場」，瞭解臺灣錦鯉養殖與國際行銷情況。（TWIMI 獨立媒體陳育賢提供）

李登輝高度推崇「嘉南大圳之父」八田與一對臺灣的奉獻精神，2004 年偕同夫人曾文惠造訪八田與一的故鄉金澤市，前往當地偉人館緬懷八田與一的事蹟。
（行政院農業委員會農田水利署提供）

李登輝 2012 年「南部之旅」特地前往烏山頭水庫向八田與一銅像獻花致意，並滔滔不絕地向旁人說起八田夫婦一生的故事。（TWIMI 獨立媒體陳育賢提供）

2013 年 10 月，李登輝的「花蓮之旅」前往以養殖「黃金蜆」聞名的立川漁場，他和前花蓮縣長謝深山說：「我 90 歲了，皮膚還這麼好，怎麼來的？就是愛吃蜆！」（TWIMI 獨立媒體陳育賢提供）

2012 年 5 月，李登輝「南部之旅」走訪臺南後壁菁寮社區，與紀錄片「無米樂」三主角崑濱伯（左）、煌明伯、文林伯話家常。(TWIMI 獨立媒體陳育賢提供)

目次

推薦序

永遠的農業人

蔡英文總統

李登輝前總統的一生，可以說是台灣近代發展史的縮影。他是一位傑出的政治家，以卓越的眼光智慧、堅定的改革意志，帶領台灣走過威權，踏上民主憲政及進步自由的道路。

李前總統也是一位享譽國際的農經學者，他曾深入走訪基層，實地調查台灣農民的生活及農村的發展；他一手推動各項改革，為台灣農業打下紮實穩固的基礎。

今年是李前總統逝世兩週年紀念。過去李前總統對台灣農業發展的文獻，散落在各個不同的出版品中。這次在農委會陳吉仲主委的支持下，豐年社訪問了多位李前總統的門生故舊，有系統地整理出李前總統對台灣農業的貢獻。

透過這本書，我們可以看到，出身小地主家庭的李前總統，從年少時，就觀察到當時地主與佃農之間的不平等問題，也埋下日後他對農民權益及農業改革的堅持。

爾後，無論李前總統求學、任教、出任公職或是卸任總統，他始終關注著台灣農業的發展，傾聽農民的心聲。直到他人生最後的環台之旅，仍心心念念這塊土地上的人事物，從西部的農田水利建設到東部的和牛育成，他深度走訪各地，持續為台灣農業的未來，尋找出路。

李前總統累積一生的貢獻，對台灣具有深遠的影響。這本書的問世，不僅再次帶我們回到台灣發展初期的動盪年代，也再次讓我們看到李前總統的人生軌跡，以及他為台灣創造的發展奇蹟。

民主，是李前總統一生的信念；農業，是李前總統一生的志業。我要把這本書，推薦給每一位關心台灣、熱愛這塊土地的人，希望透過這本書，讓一代又一代的台灣人，更加了解李前總統「永遠的農業人」精神，也讓我們帶著前人的期許和祝福，在充滿挑戰的變動時代裡，更加勇敢自信地迎向未來。

蔡英文

推薦序

以農為鏡，看見不一樣的李登輝

李安妮（李登輝基金會董事長）

不管是坊間還是學界，有太多與父親相關的著作與研究，各有其視角與論述方向，但多半圍繞在他對台灣民主的貢獻。確實，父親讓台灣從威權走向民主，過程中沒有發生流血衝突，也因此有著「民主先生」的美譽。有人說「民主不能當飯吃」，但民主本是一套制度，使人民有權換掉讓自己吃不飽的執政者。比較今日的香港、泰國與緬甸的景況，台灣的民主彌足珍貴，早已超越溫飽的層次。

但是在成為「民主先生」之前，父親的所學、所求與所想，其實正是「如何讓大家有尊嚴的吃飽」，一位農業人畢生的職志。而這本《永遠的農業人：李登輝與臺灣農業》正是以「農」為經緯，完整回顧他的一生，具有相當高的獨特性與可讀性。我非常喜歡本書第一章的標題，「少年啊，要胸懷大志！」這是明治時期札幌農學校校長克拉克博士對學生的期許，儘管我父親並沒有念過那間學校，但他當初投身農經卻是有著相同的初衷。父親在年幼的時候，親眼看見佃農聲淚俱下的哀求地主持續出租土地，這畫面這成為他日後關懷農民與土地的起點。一九四三年，父親決定就讀京都大學農學部農林經濟系，就是希望未來能夠解決農民的困境。那樣的使命感，在大時代下的帝國少年心中，可謂是一覽無遺的表露。心中有願景，然後以行動付諸實踐。

因此不論是日後持續深造或是就任公職，農民都是他心中最深的牽掛，一心一意為其謀求最大的福祉。不為自己，乃為眾人，也印證了父親往後那句「我是不是我的我」之名言。本書更值得一提的是，關於父親對農民貢獻的書寫不是停留在省主席時代眾人孰悉的「八萬農業大軍」，而是延伸至「五二〇農民運動」，甚至卸任總統後的諸多關懷。特別是他當年正告陳水扁總統，如果沒有好好照顧農民，當心「連政權也會失去」。顯見即便父親卸任後積極輔助本土政權，但是當農民利益面臨衝擊之時，他依舊挺身捍衛，未改其一致的初衷。所以在父親逝世兩周年的前夕，我誠心推薦這本《永遠的農業人：李登輝與臺灣農業》，當眾人聚焦父親對民主貢獻的同時，讓我們以農為鏡，看見不一樣的李登輝。

二〇二一年五月，我正式出任李登輝基金會的董事長，也接下父親籌建圖書館的遺願，紀念他對這片土地的愛與奉獻。期盼未來的李登輝基金會有您們同行，讓我們的路走得更遠更穩，為美麗的福爾摩沙持續奮鬥與打拚。

李安妮

推薦序

奠定臺灣農業發展典範——「農為國本」的李登輝前總統

陳吉仲（行政院農業委員會主任委員）

在農委會主委的辦公室裡，懸掛著李登輝前總統的墨寶「農為國本」。這四個字，象徵了李前總統的一生使命，也是所有農業人的使命，成為臺灣農業發展最重要的精神支柱。

從享譽國際的農業經濟學者，之後在政府部門推動各項農業政策，退休後投入復育「源興牛」，李前總統心懷對臺灣農業的使命，努力實踐臺灣農業的藍圖。時至今日，臺灣農業的發展，仍植基於李前總統當年所奠定的農業政策基礎。

李前總統照顧農民，廢除「肥料換穀」政策，扭轉「以農養工」的剝削農業問題；為改善農業基礎建設，推動「濁幹線北水南引工程」；為培養專業農提升產業競爭力，建立「八萬農業建設大軍」等，這些戰略式政策皆與現今農委會依循蔡英文總統施政目標，所推動的新農業三大策略——「農民福利」、「建構基礎環境」、「提升產業競爭力」不謀而合。

首先，在農民福利部分，農委會致力於建構完整四大農民福利體系，包括持續擴大農業保險，開放實耕者加入農保、推動農民職業災害保險、農業保險及農民退休儲金制度等，讓農業作為一個專業的職業，從農更有保障，進而吸引年輕農民加入，農業才得以永續發展。在健全基礎環境部分，政府的責任是要防堵動植物疫病及病蟲害防治，歷經二十四年，臺灣成為口蹄疫非疫區，並堅守邊境，維持臺灣為非洲豬瘟非疫區；為保護七十四至八十一萬公頃農地，實施綠色環境給付、擴大灌溉服務等，健全農業基礎設施。最後，在提升產業競爭力部分，透過推動有機農業與產銷履歷農產品、學校午餐與國軍副食採用國產溯源食材等，以需求帶動供給，並完善農漁畜產品冷鏈物流體系、推動農產品初級加工、鞏固既有及拓展新興外銷市場等措施，解決農產品產銷問題。另推動林下經濟、漁業及畜禽產業競爭力等，整體提升農產品附加價值，以達成提高農民所得的目標。在緬懷李前總統對農業的重大貢獻時，我們也逐步具體落實上述的新農業政策。

許多重大農業挑戰，一跨就是數十年，稻米產業政策就是從李前總統的時代到我們皆共同面對的。一九七〇年代臺灣面臨糧食危機、價格飆高，李前總統推動「糧食平準基金」，保價收購公糧。糧食危機過後，便出現公糧過剩的問題，因此推動「稻米轉作計畫」，期望在減少稻米產量的同時，確保農民的基本收益。而今，我們仍面對相同的挑戰，且極端氣候讓挑戰變得更嚴峻，因此推動「稻作四選三」政策，除鼓勵農民轉作更高價值、耗水更少的戰略作物，如飼料用的硬質玉米，更有助於稻米產銷平衡，讓稻穀市場價格維持在合理的水準。同時為實踐農地農用，全面推動「綠色環境給付計畫」，進行農業環境基本給付、作物獎勵及友善環境給付等堆疊式獎勵，以及開辦水稻收入保險，以降低農民經營風險與確保農民收入。

二〇一〇年臺灣兩岸簽署ＥＣＦＡ，自己有幸參與李前總統帶領的智庫團隊，至各鄉鎮討論ＥＣＦＡ對臺灣農業部門的影響。當時從李前總統的身上學習到，堅定「農為國本」的初衷，任何正常的國際農產貿易，都要建立在專業基礎和國際規則上，兩岸農產貿易若不依國際規範，將傷害到臺灣農業部門。面對情勢的變化，我們必須化危機為轉機，對內調整產業結構，從根本強化產地冷鏈、加工等基礎建設並加強內銷通路；對外拓展多元市場，整體提升產業國際競爭力，也才能真正創造臺灣農業永續的國際視野。

短短的序言，難以完整說明李前總統對臺灣農業的巨大貢獻，直至現在，仍影響著臺灣農業政策的制定方向。世人或許熟悉的是「民主先生」的李前總統，這本書向大家介紹了「永遠的農業人」——李登輝先生，期待更多人透過內容，感受到李前總統留給我們——「農為國本」的精神與行動力。

陳吉仲

顧問序

呈給李前總統登輝先生的百歲冥誕獻禮

丁文郁（中華民國農訓協會出版處長）

自二〇〇二年九月在因緣際會下，蒙李前總統登輝先生知遇受命成為其農業幕僚以來，經常有機會與李前總統會晤面談農業議題。其中有數次晤談時，老人家心有所感的說道，不管在甚麼職位上，他一輩子都是農業人。所以本書以「永遠的農業人」做為書名，銘記李前總統一生與臺灣農業不平凡的關係，最是恰當不過了。

在李前總統蒙主寵召後，豐年雜誌率先在二〇二〇年九月初製作一本十八頁的紀念專輯；隨後筆者在九月十九日於農傳媒發表「記一段與李前總統登輝先生的農業奇緣」乙文。然前者由於編輯時間匆促又受到篇幅之囿；而後者則是一篇關於李前總統卸任後，在農業上作為之完整紀實，雖有高度的補足性，但因時間跨度，未能涵蓋其全部的生命歷程，有其局限性。由此可見，對李前總統與臺灣農業的記述，顯有不足也未盡周延，乃不言可喻。

揆審李前總統自高中時期受到日本農經學家新渡戶稻造的影響，奠定下以農學報國之志，其後一生不管在任何職位，舉凡二戰後臺灣所有重大農業政策或農業事件，他可說是無役不與，其中有許多還是居主導者或拍板定案者的角色。

雖然諸多與李前總統有關的重大農業政策或農業事件已有報導，但卻都散見各處；而且還有些因年代久遠或經輾轉傳抄，難免有魯魚亥豕之失、郭公夏五之誤。能有系統地編撰一部以李前總統為主體的農業專書，實有其必要性。

當然以李前總統在臺灣的歷史定位，絕不因有這一部農業專書而有所增益，但對一生為農、以農業人自許的李前總統，在蓋棺論定後，沒有一部記錄他的農業專書傳世，將會是一大缺憾之事，更是我國農業界的損失。

在豐年社與李前總統多位幕僚的倡議與推動下，渥蒙行政院農業委員會陳吉仲主委的玉成，讓編撰一部李前總統的農業專書得以落實啟動。在多方配合與眾心一志的努力下，以近一年半的時間完成這部專書，並於李前總統永別摯愛臺灣二週年前夕付梓面世。

農委會前身為中國農村復興聯合委員會（農復會），發跡於農復會的李前總統，在其百年之後，記錄他與臺灣農業的專書，係由承繼農復會的農業行政最高主管機關農委會指導、當年經常刊載農復會農經組長李登輝文章的豐年社出版，與其視為巧合，毋寧說是一段具有歷史性意涵的佳話。

應邀參與、協助完成這本專書，是身為李前總統農業幕僚，為老闆服務的一件責無旁貸之事，希望在天國安息的您，能欣然接受與喜歡這份百歲冥誕的獻禮——《永遠的農業人：李登輝與臺灣農業》。

作者序

他就是一部農業史——記錄永遠的農業人

江昺崙

二〇二〇年七月三十日晚上吃飽過後，手機突然傳來一則新聞。滑開來看，沒想到竟是前總統李登輝逝世的噩耗——臺灣失去了一名哲人政治家，同時也失去了一名終身以農民為念的農業人，我腦袋頓時一片空白，感到無比的難過與惋惜。

雖然我不是就讀農業相關科系，但對農業發展史有些興趣。當時我有了一個想法：能否簡單整理李前總統的生平，搭配農業史寫成紀念短文？此時在豐年社擔任《豐年》主編的慧萍，也剛好在策劃李登輝農業紀念專題，於是我寫了一篇文章投稿，希望能與豐年社讀者交流心得。

幾個月後，慧萍跟我說，她製作《豐年》李登輝農業紀念專題時，因時間太趕，有許多想採訪的人，來不及採訪，也因為篇幅有限，許多資料沒能呈現，十分可惜，她想要以此專題為基礎，發展為一本專書。慧萍認為，李前總統的政治功業，已經有不少相關著作問世，相較之下，他在農業方面的重大貢獻，仍欠缺較為完整的介紹，豐年社是臺灣歷史悠久的農業媒體，很適合做這件事，希望找我一起來幫忙。

接下這一份重任，我們誠惶誠恐，綜觀李前總統的人生經歷，幾乎等於臺灣農業的百年史，如此廣博遼闊，要怎樣才能在一本書裡呈現出來呢？而李前總統哲人已逝，我們有太多問題來不及向他請益。

於是我們在閱讀諸多李前總統相關著作後，決定以李前總統親自講述，前國史館館長張炎憲主編的《李登輝總統訪談錄》為綱領來書寫。如果有遇到矛盾的資料，即以這本訪談錄為基準。但史料畢竟有其侷限性，幸而農委會陳吉仲主委大力支持我們的計畫，農委會各單位對於我們採訪上任何需求，都非常幫忙；我們也有幸邀請到多位與李總統有深厚淵源，同時熟悉臺灣農業發展的前輩先進，包括農委會前主秘廖安定、農糧署長胡忠一、農訓協會出版處長丁文郁、總統府秘書長辦公室主任洪浦釗，以及農科院農業政策研究中心副主任陳玠廷，組成最資深、最權威的顧問團，在諸位顧問的熱心指導下，我們順利找到關鍵人物來訪談，補全了史料的不足。

我們也決定在撰寫李前總統生平的同時，加入一些簡單的臺灣農業史，讓讀者對於李前總統可以有更立體的認識。例如要瞭解青年李登輝主要的農業關懷，就要先認識當時「肥料換穀」制度與臺灣農業的關係。

透過農業的觀點，我們可以看到很多其他政治評論忽略的地方，例如李登輝如何獲得蔣經國賞識、如何在眾多官員當中脫穎而出，事實上是奠基於他對於農業的遠見以及對於農民的關懷，這是他超越同時代政治人物之處。

最後，這一年來研究、訪談與撰稿的過程中，我們豐年社團隊獲得太多各界的支持和幫助，憑我們自身的能量，是無法寫完這一本書的，感謝所有幫助過我們的人。

越是了解李前總統的人生故事，就越懷念李前總統，謹將此書獻給他，盼他在天堂能繼續護佑臺灣人民。同時也將此書獻給臺灣所有辛勤勞動的農民，再次感謝。

第一章
少年啊，要胸懷大志！

李登輝從小愛書成癡，晚上宿舍熄燈後，還會跑到廁所，在昏暗的燈光下讀書，養成終生手不釋卷的習慣。1952 年，李登輝在愛荷華大學進修時留下生活照。

圖片來源：國史館

1 源興居裡的書痴少年

大正十二年（一九二三年）一月十五日，農曆壬戌年十一月二十九日，北臺灣一個靠山面海的小村莊「埔頭坑」，有一個小男孩誕生了，他的名字叫做李登輝。

李家上下一陣忙碌，歡喜迎接新生命的到來，沒人想得到，這個小男孩有一天會成為享譽國際的農經學者，還成為改變這個國家命運的領導人。

▲「源興居」位於新北市三芝區，舊稱王厝營，主體建築為傳統式閩南三合院。（圖片來源／中央社）

「埔頭坑」位於臺北州淡水郡三芝庄，李登輝的祖父李財生在街上經營雜貨店，也擔任埔頭坑的保正。李家祖輩原本在山上種茶，累積一點財富後，陸續買下一些土地，成為小地主，放租給佃農。李登輝誕生時，父親李金龍在淡水郡擔任刑事警察。

李金龍一家因為職務調動的關係，經常搬家，李登輝小時候跟著父母四處移居，讀過淡水、汐止與南港等地的公學校。直到父親從警員工作退職，回到故鄉的三芝水利組合上班，李登輝才跟著搬回祖厝，也就是後來的源興居。

李登輝有一位大他兩歲的哥哥，名叫李登欽，從小住在三芝陪伴阿公阿嬤，兄弟倆分隔兩地，久久才見一次面。由於經常搬家轉學，加上哥哥不在身邊，李登輝的童年顯得有些寂寞，大部分時間都是一個人安靜地看書、畫畫，獨自思考各種事情。也因為如此，李登輝培養了十分獨立與沈穩的性格，對於周遭的人物環境，也有著更為細膩的觀察。

李登輝在著作《臺灣的主張》裡，如此回憶起他安靜的童年：

我所喜歡的是對自我內在世界的探索。閒暇時，總是一個人靜靜地看書，或望著窗外的雨景，獨自素描。一直到今天，油畫、水彩畫、版畫，都還是我最大的興趣。

當時李登輝的家庭環境稱得上富裕，阿公留給父親十幾甲的土地，全部放租給佃農耕種。由於土地租約每年會重新安排，李登輝小時候經常看到家裡的佃農，帶著雞、鴨等禮物來拜託父親，希望明年可以繼續把土地租給他們耕種。貧苦的佃農們擔心失去維生的土地，往往低聲下氣前來拜託：「請繼續把土地租給我吧！」有時候李登輝的父親會面露難色，沒有答應，佃農們只好轉向母親，聲淚俱下地苦苦哀求。

年少的李登輝看到這一幕，受到極大的震撼，心裡頭「總覺得有點不對」。他默默思考著農村裡佃農困苦的處境，覺得這樣的制度並不公平，很希望能為農民做點什麼。日後他受訪的時候，經常會談到這一段小時候的記憶，這是他終其一生，關懷臺灣農民與土地的起點。

李登輝從小愛書成痴，這與他經常搬家轉學有關，光是六年的公學校（臺灣人子弟就讀的小學）期間，他就換了四間學校，等於剛交了朋友就又要搬家。「沒有朋友，只好讀書啦！」二〇一一年，李登輝接受《財訊》邀請，與導演吳念真對談時指出，一開始他看的是小說、雜誌、《少年俱樂部》之類的書，有次在公學校校外旅行的前一天，他央求父親給他四塊錢，讓他趁著到臺北的時候，購買一本兒童百科全書。那個時候四圓是一筆很大的數目[1]，李金龍聽到這個要求，責怪李登輝怎麼不早點講，只有一天要去哪裡找這筆錢？但是隔天一大早，李登輝已經出門，在廟口等待交通車，當時天空下著雨，李金龍竟然撐著傘出現，默默把四圓塞到李登輝手中，說幾句話就離開了。

李登輝深受感動，買下了百科全書之後，認真把整本書看完，這是他真正讀書的開始。李登輝回憶：「那本讀完喔！好像全世界的事情都知道了！」他深刻體會到，讀書會讓人覺得自己和別人不一樣，要了解世事，不僅要掌握知識，還要內化成自己

1　一九三四年的物價，訂一個月份的報紙約一圓左右。

的東西，才能產生智慧。此後他終身手不釋卷，養成了閱讀的習慣。

少年李登輝是出了名的勤學，他曾經插班就讀淡水中學校，在校期間焚膏繼晷、日夜讀書。他每天早上六點起床，就自動去清理學校廁所，想要透過苦行來鍛鍊自己的精神；晚上住在宿舍裡面，因為房間裡的電燈有管制，所以李登輝只好拿著書到廁所利用昏暗的燈光讀書。舍監經常到廁所來趕他，久了之後，連舍監自己也覺得很煩，便向校方反應，於是學校就特別開了一間自修教室給學生在晚上讀書。

後來李登輝在日夜勤修之下，於一九四一年跳級考上臺北高等學校[2]，創下淡水中學校第一位考入臺北高校的紀錄。李登輝當時報考文科甲組（主修英語、副修德語），該班三十七名新生中，只有五名是臺灣人，可見升學競爭之激烈。高等學校多數教師出身東京帝國大學，以精英教育聞名，非常重視學生的外語學習及人文素養，在歷史教師鹽見薰等師長的引導下，李登輝廣泛涉獵文史哲各方面的書籍，不僅如海綿般大量吸收知識，也鍛鍊他一生做學問的態度與方法，這段時期的學思歷程，為他未來立身處事乃至從政道路上，奠定了非常重要的基礎。

2 思想與精神的鍛鍊

青年時期的思想養成

李登輝並不是從小立志從事農業研究，高校時期的他，其實對歷史、藝術甚至哲學更有興趣。

當時他就讀的臺北高校，無論是日本或臺灣學生，都是臺灣島上第一流的精英，除了學校功課之外，還會大量閱讀各種文學、哲學或社會學的經典。李登輝曾列舉

2　臺北高校為日本時代臺灣中學的最高學府，高校畢業生可以直升臺北帝國大學，更有許多畢業生考取日本的一流大學。當時每年考上臺北高校的臺灣人，大約才三十人左右，可說是「精英中的精英」。戰後臺北高校的現址，改作臺北高中及省立師範學院的校舍，後來經過多次改制後，現為「國立臺灣師範大學」。

自己當時閱讀的書籍，夏目漱石《漱石全集》、紫式部《源氏物語》、西田幾多郎《善的研究》、倉田百三《出家人及其弟子》、康德《純粹理性批判》、歌德《浮士德》、《少年維特的煩惱》、杜斯妥耶夫斯基《白痴》，至於愛因斯坦的《物理學的誕生》，都在他遍覽的群書當中。

其中，英國作家湯瑪士・卡萊爾（Thomas Carlyle）的著作《衣裳哲學》[3]，是李登輝晚年在許多著作和訪談裡，最常提到的一本書。這本書是當時臺北高校英文老師島田謹二[4]所選用的教材，內容抽象晦澀，以象徵性的寫法，呈現卡萊爾的內在精神與思考，非常不容易理解。卡萊爾比喻，這世界上所有的象徵、形式與制度都像是「衣裳」一樣，只是外在的表現；而人的身體，才是那不變的真理本身。因此人類要

▲李登輝就讀臺北高等學校時，回到母校淡水中學校與老同學李肇祈合影。（圖片來源／李登輝基金會）

去探索的，不是這個外在形象，而是內在的本質。人的一生中會遭遇各種困擾，人生真正的意義即是在於透過自我內省與鍛鍊意志力，擺脫困擾，進而找到自由。

這本書啟發李登輝對人生意義的思考，還間接影響了他一生的志趣。由於《衣裳哲學》對於高中生李登輝來說，實在是深奧難懂，儘管他挑戰閱讀原文，反覆苦思，仍感到難以參透。求知慾旺盛的李登輝不願放棄，到處尋找相關書籍閱讀。有一天，李登輝在總督府圖書館，意外找到一本紙張已經泛黃，由新渡戶稻造著作的《衣裳哲學講義錄》。

3 本書書名原文為SartorResartus，是拉丁文「裁縫師」的意思，日本人譯為「衣裳哲學」。作者湯瑪士·卡萊爾（一七九五—一八八一），出生於蘇格蘭，英國著名歷史學家、思想家。著有《法國革命史》、《衣裳哲學》與《英雄與英雄崇拜》等書。

4 島田謹二，日本著名的英美文學研究者。曾任臺北高等學校教師與臺北帝國大學教授。

原來，曾被臺灣總督府請來指導臺灣農業發展的新渡戶稻造，當年在日本輕井澤為臺灣製糖會社幹部舉行的講座，使用的主要教材竟然就是卡萊爾的《衣裳哲學》！

新渡戶稻造的《衣裳哲學講義錄》，將卡萊爾的思想講解得鞭辟入裡，李登輝如獲至寶，一讀再讀，他形容，新渡戶稻造有如「在混沌之中為我指引出路」，帶領他逐漸領略卡萊爾從「永遠的否定」昇華、發展到「永遠的肯定」的意涵，讓他由衷佩服新渡戶稻造這位日本農業經濟學家，並在心中播下從事農經研究的種子。

青年李登輝就這樣透過大量閱讀，在不斷的哲學思辨中，逐漸培養出了與眾不同的人格特質。日後他經常提到「我是不是我的我」，意思是要放下自我的私利，把自己當成「公共」的我，去奉獻一己之力，服務社會。這句話融合了卡萊爾及西田幾多郎[5]的哲學，成為李登輝人生最重要的座右銘之一。

人道精神的奠基

札幌農學校培養了日本第一代的新式知識人，同時也帶來西方的基督教信仰。新渡戶稻造以及同學內村鑑三（日本著名的基督教思想家）入學之後，都受到札幌農學校西式校風的影響，開始接觸基督教，日後他們都推動了「無教會主義」[6]，啟發了矢內原忠雄、張漢裕等後進；勤學不倦的李登輝，自然也深受這股思潮影響，學習到可貴的人道主義精神。

李登輝在圖書館讀了新渡戶稻造的《衣裳哲學講義錄》後，繼續找到他所著作的《武士道》來閱讀。這本書提到的武士精神，讓李登輝深受感動，他認為：「日本人

5　西田幾多郎（一八七〇—一九四五），生於日本石川縣，京都大學教授，是李登輝最崇敬的日本哲學家，他開創著名的「京都學派」。其著作《善的研究》一書，探討「純粹經驗」與「場所哲學」，對於李登輝影響非常深遠。

6　無教會主義是日本內村鑑三所開創的基督教流派，他認為信仰不需要透過教堂和儀式，只需專注研讀理解聖經，任何空間都可以是教會。

純粹的倫理觀和美的意識，濃縮在武士道之中。此外，那本書教導了我，人的一生中，一定有某種必須拚命完成的事情。」

二〇〇四年，李登輝在卸任總統之後，出版《武士道解題》一書，重新回顧年輕時與新渡戶稻造的《武士道》相遇過程，他在書中提到：

（《武士道》裡的和歌）帶給我思想與觀念的啟發，簡直就像雷電劈打的天啟，讓我通體透徹，渾身感觸深重。

確實，一個人如果不能抱著必死決心，就不可能完成任務。換言之，唯有徹底追求「死」的意義與價值，才能開創光輝燦爛的「生」，抵達生命最高境界的彼岸。

青少年時期痛苦掙扎地從「永遠的否定」摸索到達「永遠的肯定」的新渡戶稻造先生，可以說比任何人都更了解這樣的道理。…做任何事情都全神灌注、全力奉獻的新渡戶稻造先生，曾在臺灣社會發展奠基的黎明時代來臺參與開拓，高瞻遠矚地指導。這真是臺灣人最大的幸運！

【新渡戶稻造】

新渡戶稻造（一八六二—一九三三）出生於日本東北的岩手縣，是日本明治時代非常重要的農業經濟學家，日本的鈔票上面，也曾印有新渡戶稻造先生的頭像。新渡戶稻造對臺灣有很大的貢獻，他被譽為「臺灣糖業之父」，在高雄橋頭糖廠的文物館裡面，也還保存有新渡戶先生的銅像。

一八七七年，新渡戶十五歲的時候，到北海道剛成立一年的「札幌農學校」唸書。當時的北海道，並不像今天一樣是個繁榮富庶、農牧業非常發達的地區，而是天寒地凍，充滿危險的地方。

札幌農學校成立之初，從美國邀請農業專家克拉克博士（William Smith Clark）來擔任副校長（實際上是做校長的工作）。這名克拉克博士不僅帶來最新的農業知識，也帶來了新興的西方思想，包括基督教的精神、治學方法還有西洋咖哩。

據說克拉克博士說過一句話：「少年啊，要胸懷大志！」（Boys, be ambitious！）

這句話鼓動了當時札幌農學校師生，眾人無不感覺到重任在肩，立志完成開拓北海道的偉業。今天札幌市的「羊之丘」上面，還立著克拉克博士的銅像——他用手指著遠方，彷若指向無涯的學術真理，也如同指向新闢的北方夢土。

畢業後的新渡戶稻造先後到東京大學、美國約翰霍普金斯大學、德國哈勒大學唸書，取得農業經濟博士的學位，他在美國的同學之一，是日後成為美國總統，提倡「民族自決」的威爾遜（Woodrow Wilson）。新渡戶稻造在美國留學期間，受洗成為基督教貴格會的教徒，接觸了黑人解放運動，也奠定了他在平等與自由主義上的思想基礎。

但不幸的是，新渡戶稻造罹患眼疾及神經衰弱，使他飽受病痛折磨。因此他在一八九七年辭掉工作，專心養病。在養病期間，他將上課講義編成了《農業本論》，並以英語寫作《武士道：日本精神》（Bushido: The Soul of Japan）一書。《武士道》這本書用淺顯的語言，向西方介紹日本武士的精神，例如「義」、「勇」、「誠」等等信條。不但讓西方社會認識到了武士文化，也重構了日本人的內在價值。

新渡戶稻造長期主張「若不能瞭解人道精神的本質、遵從人道，便無以以大國國民自居的資格」，並提倡一種獨特的「愛國的世界主義」觀念，也曾公開反對過日本的軍國主義。他立志成為「太平洋之橋」，在第一次世界大戰後，積極參與了國際聯盟的工作，積極推動「世界語」，力圖消弭國聯中種族之間的差異。不過在一九三三年，日本因佔領中國滿州而退出國際聯盟，新渡戶稻造遠赴北美，試圖為日本外交做最後的溝通與努力，卻不幸積勞成疾，死於加拿大，享年七十二歲。

新渡戶稻造的人道精神與農業關懷，讓李登輝深受啟發，後來他選擇到京都帝國大學就讀農經系，除了小時候看到佃農的辛苦，很大一個因素也是受到新渡戶影響，讓他想要跟隨先哲的腳步，踏上「農學報國」一途。

一九〇一年，新渡戶稻造應臺灣總督府民政長官後藤新平力邀，擔任臺灣總督府殖產局局長，調查臺灣糖業的現況。之後新渡戶稻造提出《糖業改良意見書》，大幅革新了臺

▲新渡戶稻造擔任臺灣總督府產殖局長期間，提出《糖業改良意見書》，奠定臺灣糖業現代化的基礎。（圖片來源／豐年社）

灣糖業生產的模式，新渡戶稻造的建議大致上分成幾項：

1 糖業改良：改良甘蔗品種、栽培方式、開墾蔗田、改良製糖法等。

2 獎勵政策：提高砂糖關稅、公定蔗價、促進產業合作組織、實施甘蔗保險等。

3 設施及機構改良：頒布糖業獎勵法、成立臨時臺灣糖務局。

原本臺灣在清領時期，都是採用牛來轉動石磨，再將甘蔗的汁液熬煮成蔗糖，這種傳統糖廍需要大量勞力，效率又低，製造出來的蔗糖是屬於雜質較多的紅糖（黑糖，黑糖必須經過再次的精煉，才能生產出適合作為工業原料使用的白糖）。

總督府進行糖業全面的現代化，於高雄橋頭成立第一間現代糖廠，並在臺南善化成立「糖業試驗場」，改良甘蔗品種，讓甘蔗產量從二十世紀初到一九二〇年代之間，產量及蔗田面積都增加超過十倍[7]。根據臺灣總督府殖產局統計，臺灣的製糖

7 參考於矢內原忠雄《帝國主義下的臺灣》（第二篇第二章臺灣糖業之獎勵）。另外根據黃修文《世紀之交的臺灣糖業與蔗農》（二〇〇五年，國立政治大學歷史所碩士論文）指出，糖產量從一八九六年的八十二．九萬擔的含蜜糖（黑糖），增加到一九一七年七六三萬擔的分蜜糖（白糖）。

量，在明治三十七年（一九〇四—〇五年）是八千二百六十三萬三千斤，到了大正十四年（一九二五—二六年），每年產量已高達八億三千三百二十一萬斤。

歷史學者吳密察認為，新渡戶稻造最主要的貢獻，就是將臺灣傳統農業進行「企業化」與「科學化」的改造，特別是糖業。臺灣農民種植甘蔗，日本企業進行收購，再透過新式工廠製作蔗糖，最後賣到日本，形成一套從原料生產到加工製造，再到製成品市場的「農工複合產業」，大家各自把相對優勢發展起來，奠定了臺灣農業的發展基礎。糖業的快速發展，帶動了一九二〇年代臺灣農業發展的黃金時期，也相對提高了臺灣農民的收入[8]，因此新渡戶稻造被尊稱為「臺灣糖業之父」。

新渡戶稻造不僅是一名農經專家，更是一名富有人道精神的知識人。雖然新渡戶稻造的觀點有其時代的限制，仍然站在殖民者的角度來看待臺灣。但他主張日本人應該盡可能地融入臺灣社會，與土地產生連結，並且要以臺灣人的利益為重。

例如他在《糖業改良意見書》提出兩點：

第一點，基於臺灣農民種植甘蔗意願不高，是因為收入大多被糖廍（舊式的製糖場所）所壟斷等理由，他認為應該要成立農民與工廠主合作的組織，並且讓農民加入股份。如此一來，可以讓農民與工廠主的利益一致，不但提高了生產效率，也能相對提高農民的收入。

第二點，要讓蔗農享有「甘蔗保險」，分散農民的耕作風險。這兩項建議，不管是放在當時還是現在，都算是很大膽的意見。不過可惜的是，臺灣總督府最後沒有接受新渡戶稻造的這兩項提議。

新渡戶稻造帶給李登輝的啟發，不僅是農業方面的經世濟民之學；也不僅只是探索內心，探求生命意義的武士道；還有對於人民的關懷以及對於平等的實踐。綜合起來，可以說是李登輝哲學思想的基礎。

李登輝在《武士道解題》一書中，也特別提到新渡戶對他的影響：

8　然而，種植甘蔗是非常辛苦的工作，蔗田裡的工作幾乎都要靠人力進行。而甘蔗的價格又因原料採集區制度的實施，蔗農的收入是受到會社剝削的。於是一九二〇年代也發生了許多農民抗爭的運動。

臺灣產業，特別是製糖業能如此蓬勃發展，最大功勞者無疑就是提出《糖業改良意見書》的新渡戶稻造先生……事實上，當總督府洽詢來臺任職是否為可能之際，新渡戶稻造先生人在美國，健康狀況很差，但基於「見義而不為，非勇也」的武士道精神，儘管只是總督府轄下的芝麻小官（技師），他還是欣然點頭、從容赴任。為何新渡戶先生願如此自我犧牲？道理很簡單，那就是國家有需要，就義不容辭，個人榮華富貴則可拋之度外，這不正是「武士道」的展現嗎？

如前述，我年幼時就是個多感少年，無時不在思考生死之意義，以及如何完成「求生之死」。後來我就任總統，在臺灣最波濤洶湧的二十世紀末十二年之間，無時無刻抱定「必死」決心，把自己奉獻給這個國家，奉獻給臺灣社會的「公」。

新渡戶稻造雖然抱憾而終，但因為他長期在學校裡講學，曾擔任京都帝大與東京帝大的講座教授。因此培育出許多優秀的知識人，特別是內村鑑三、矢內原忠雄等人，他們主張的「基督教無教會主義」，不僅對內探求靈魂的真正價值，對外也積極實踐人道關懷的理念，對後來也成為基督徒的李登輝影響深遠。李登輝曾經在訪談說：

（無教會主義者）重視的是要怎樣實實在在傳教，把基督教真正的教義、基督的教示傳出去。這些所謂的「無教會主義」者，他們不是用教會來做標準，他們是看聚會的情形去做衡量的。……

一八九三年，矢內原忠雄出生於四國愛媛縣，十七歲的時候來到東京就讀第一高等學校。他參加了當時校長新渡戶稻造的讀書會，同時也參加了內村鑑三的聖經研讀班，深受兩位大思想家薰陶。日後繼續在東京帝國大學讀書，攻讀農業經濟學，並到倫敦政經學院留學。回國後，取得東京帝大博士學位，一九二〇年接任了新渡戶稻造在東大開設的「殖民政策講座」[9]。

9　當時日本東京帝國大學是「講座制」，不同於今日的系所與學分制，講座是大學底下最基礎的學術單位，每個講座都可以獨立運作。講座由一名教授主持，專攻一門領域，底下配有助教授（副教授）、助手（助教）、僱員及行政職，每名學生都要跟著一位講座教授進行學習與研究。有點類似現在研究所底下，研究生與指導教授的關係。

矢內原忠雄的講座，是以政治經濟學角度切入，加入了馬克思主義的經濟學觀點，來研究日本帝國的殖民政策。這個講座培養了不少優秀的經濟學家，例如臺灣大學經濟系教授張漢裕[10]等人。

矢內原忠雄非常關心殖民地臺灣的社會問題——一九二六年，臺灣總督伊澤多喜男卸任之際，矢內原忠雄發表了〈兩百萬市民與四百萬島民〉一文，批評伊澤多喜男任內發生的三菱財團強徵竹林事件、二林蔗農事件，還有《臺灣民報》遭到打壓等社會事件。

隔年，矢內原忠雄打算親自到臺灣來田野調查，由於此行目的非常敏感，矢內原忠雄只好繞過官方，在臺灣友人協助下，以「走後門」的方式深入民間社會考察，歷時將近四十幾天，足跡遍及臺灣各地。中途甚至應林獻堂及蔡培火等人之邀進行公開演講，發表支持臺灣民族運動的演說。

三年後，矢內原忠雄整理出版了《帝國主義下的臺灣》，論及臺灣的土地、政治及教育等等問題，還點出了總督府以「糖業帝國主義」壓榨蔗農的事實。例如一九二五年爆發的彰化「二林蔗農事件」，就是因為在「原料採集區」制度下，二林的林本源製糖會社給的甘蔗收購價比鄰近的製糖會社都還低，但農民們又被迫要將甘蔗賣給林本源製糖會社，於是農民拒絕採收甘蔗，與警察發生嚴重衝突。事件後李應章、詹奕侯及劉崧甫等多名領導人物被逮捕，共二十五人遭判刑入獄。

矢內原忠雄也在書中指出：嘉南大圳建成之後，政府透過水利灌溉系統改變農民種植作物的「三年輪灌制」，將會帶給農民極大的負擔。總之，這本《帝國主義下的臺灣》揭露了殖民地遭到剝削壓迫的事實，出版之後引發日本熱議，因此本書立即被臺灣總督府查禁。

10 張漢裕（一九一三～一九九八），矢內原忠雄的學生，臺灣第一名東京大學經濟系博士，臺大經濟系教授，開設西洋經濟史等課程。受矢內原忠雄影響，成為基督教無教會主義的信徒，妻子蔡淑姈為蔡培火的女兒。戰後研究臺灣農民收入，曾在研究論文中提出「一九五二年臺灣農民收入，比日本時代農民收入還低」的重要論點。張漢裕很賞識李登輝的學術能力，曾經延聘李登輝到經濟系開設「臺灣農業經濟政策」課程。

一九三七年中日戰爭爆發後，他撰寫〈國家的理想〉一文，高聲反對軍國主義，後來又在公開演說中高喊：「為了要活出日本的理想，請先把這個國家埋葬掉吧！」（日本の理想を生かすために、一先ずこの国を葬ってください！）此番言論引發軒然大波，於是矢內原忠雄被迫辭去東京帝國大學教授一職，生活一度陷入困境。直到戰後才恢復職位，後來當到東京大學的校長退休。

矢內原忠雄與新渡戶稻造等人，不僅有卓越的學問，也有著十分高尚的人格，可以說是李登輝心目中知識人的完美典範。富有人道關懷的精神，也是李登輝日後從政時，與其他政府官僚最為不同的地方，許多他參與推動的政策當中，也可以看到前述先哲的影子。李登輝曾說：「我對新渡戶、矢內原這些人的評價很高。講起來，這些人很了不起。但是後來矢內原這些人都被迫害……他們的那種精神真正是很可貴、很可敬。」

另外，李登輝就讀日本學制的中學，不僅學習到許多現代知識，也浸染了日本的傳統文化[11]，例如日本「一所懸命」的職人精神：強調恪守本業、無私奉公、各盡其職。李登輝曾引用過福澤諭吉的說法：「（日本社會）正因為有作為基礎的『傳統』，傑出的『進步』才能累積於其上。沒有傳統，就不可能有真正的進步。」

例如李登輝十分推崇的八田與一（嘉南大圳總工程師），就是最佳的例子：

八田先生以他的一生作為體現「人應如何生活？」的最佳哲學與理念，其甘於清貧，為國家百年大計奉獻的情操氣魄，實在值得年輕世代仿效。而「克己奉公」的精神，正是日本這個國家及日本人一向最珍視的精神。

……最重要的其實是八田先生背後的傳統「重農思想」與「公義觀念」，正因為他關懷農民生計，正因為他不希望有人餓肚子，所以除了做好硬體工程之

11 在數百年來封建制度的影響下，社會嚴格劃分成「士農工商」等階級，人們沒有選擇職業的自由。所以，個人人生唯一的成就，就只能專注在傳承家族的職業，並竭盡所能發揚光大，甚至為此職業犧牲奉獻，各行各業堅守崗位，專注把自己的工作做好。這樣的精神來到明治維新之後，加速推進了日本的現代化。

外，他還絞盡腦汁想出這種兩全其美的辦法，可見只要是「真理」，即使傳統價值觀也能繼續存在，所謂「日本精神」與日本國民的人格特質，最難能可貴的，不就是這種人的關懷以及對公義的重視嗎？[12]

李登輝從公學校、淡水中學校、臺北高校到京都帝大，一路受日式教育長大；他在課餘時期苦練劍道，學習傳統的武士道精神；他也曾經閱讀禪學大師鈴木大拙的著作，潛心學習禪修。李登輝的成長過程，深受傳統日本文化陶治，逐漸形塑他務實與敬業的性格。

社會主義的啟發

李登輝的學生時代，除了課本知識外，當時流行的思想「社會主義」，也給了他很大的啟發。

一九一七年，一戰之際，俄羅斯發生了推翻沙皇的二月革命。不久之後，列寧領導的社民黨派系「布爾什維克」又發動「十月革命」，推翻了臨時政府，讓俄羅斯成為全球第一個共產主義國家。一戰結束後，老牌帝國主義國家衰頹，全球民族自決的聲浪高漲，共產國際[13]也趁勢將革命輸出到全球各地，許多有志青年受到鼓舞，紛紛組織或加入共產黨，例如中國共產黨在一九二一年，由陳獨秀與張國燾等人創立，而日本共產黨則由近藤榮藏、山川均與德田球一等人於一九二二年創立。

---

12 二〇〇二年李登輝原本應邀到日本慶應大學演講的講稿，題目是〈日本人的精神〉，後來未能成行。

13 當時的共產國際又稱「第三國際」，俄羅斯共產黨革命成功後，由列寧於一九一九年所創立，總部在莫斯科。目標在全球各國成立共產黨，希望將革命輸出到全世界去。

綜觀整個二〇年代，共產革命浪潮席捲全球，當時的熱血知識青年，就算沒有直接投身共產黨，多數人也對社會主義產生興趣。一九二五年，一名來自高雄的基層教師簡吉，因為不滿農民遭到製糖會社剝削，發起了「鳳山農民組合」，之後各地農民紛紛響應，隔年組成了全島性的「臺灣農民組合」，在各地發起農民運動，全盛時期農民會員甚至高達兩萬人。這波左翼風潮也導致臺灣文化協會內部分裂，一派以林獻堂與蔡培火等地主士紳為主，追求民族自決；另一派以連溫卿與王敏川等左派人士為主，主張階級鬥爭。而臺灣共產黨則是在謝雪紅與林木順等人的籌組下，於一九二八年在上海成立。

李登輝上了臺北高等學校之後，歷史老師鹽見薰，具有社會主義的理想，上課的時候經常以歷史唯物論的角度，介紹鴉片戰爭及中國革命等歷史，對日本軍國主義抱持批判的態度。也因為如此，李登輝在高校時期，開始閱讀一些中國左翼作家，如魯迅《阿Q正傳》及郭沫若《青銅時代》等作品。

一九四三年九月，李登輝考取京都帝國大學農學部農林經濟系，當時京都帝大是日本自由主義的基地。像是曾經在京都帝大教書的左翼經濟學家與社會運動者河上肇，於一九一六年撰寫經濟學大眾讀本《貧乏物語》，描述當時西方資本主義國家社會上貧富不均的現象，帶給日本社會很大的衝擊。《貧乏物語》也成為當時左翼知識人必讀的書籍之一。之後河上肇還陸續撰寫了《資本論入門》等書，不過後來因為河上肇的左翼立場，於一九二八年被迫辭去京都帝大的教職。李登輝接受國史館訪談時，如此形容《貧乏物語》：

這本書在日本的影響很大，完全是一本說明馬克思基礎理論的書，結論說文化意識要建立在生產力的架構上，老百姓對於社會整個的情形要睜大眼睛，要了解社會的結構究竟是怎樣，如果不了解這個結構，老百姓就會被騙。不知道事情的人，看了這本書會受到很大影響，對年輕人的影響很大，我也很感動。

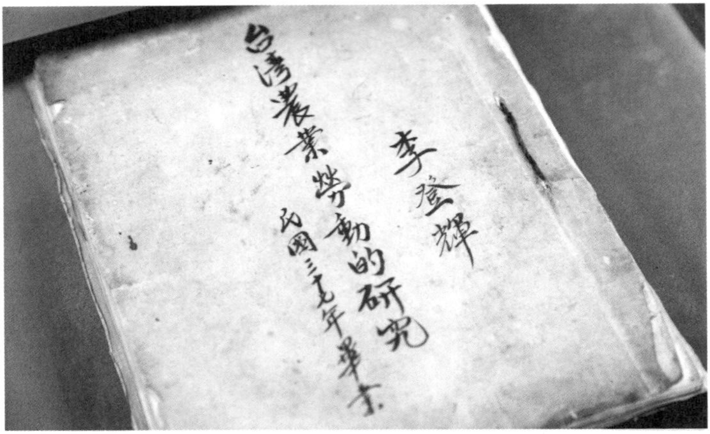

▲李登輝在臺大農經系的畢業論文，以「臺灣農業勞動的研究」為主題。（攝影／謝佩穎，攝自臺大農經系館藏）

雖然在軍國主義抬頭後，左翼思想被打壓，大學校園裡無法光明正大地講授馬克思主義，但是老師跟學生之間私下還是都會閱讀討論左翼書籍。因此李登輝在進入京都帝大這座思想殿堂後，接觸到《資本論》、《貧乏物語》及更多社會科學相關的書籍。李登輝的老朋友曹永坤先生回憶起這段歲月，說到：「在四〇年代對馬克思的理論不感興趣的人，不是沒有腦袋，就是麻木不仁。」[14]

李登輝也自己承認，他在大學時期對於社會主義的嚮往，他在《臺灣的主張》自述：

我在大學時期對馬克思經濟學十分熱衷，幾乎想以「日本帝國主義時代的臺灣農業問題」作為畢業論文題目。但考慮到若是如此，可能拿不到學位，所以只好將題目改為「臺灣農業勞動問題的研究」，利用馬克思經濟學，將階級的問題和農業相結合，來論述臺灣所面臨的農業問題。幸而指導教授並未洞悉我的意圖，因此畢業論文得以順利過關。

於是在戰後初期，李登輝歷經二戰戰火，由日本回到臺灣之後，面對吏政敗壞、經濟崩潰的臺灣社會，心底也默默響起了不平之鳴。甚至在二二八事件之後，他也參加過中國共產黨的組織——在晚年的訪談當中，他並沒有否認這段經歷。

14　曹永坤（一九二九—二〇〇六），臺北士林人，臺灣史學家曹永和的大哥。臺大經濟系畢業，於銀行業任職。是臺灣著名的古典音樂推廣者與收藏家，曾創辦臺灣的第一個民間交響樂團「臺北愛樂交響樂團」。收錄於《臺灣政治家李登輝》一書中（柯義耕 RichardC.Kagan 著作，頁一〇四），為作者與曹永坤之訪談。

3 農業經濟作為志業

戰後糧荒與二二八事件

李登輝在一九四三年年底到京都帝國大學唸書，希望學成之後，可以到滿州國的「南滿洲鐵道株式會社」一展長才[15]。但他入學大約半年，就因為戰況嚴峻的關係，被強制徵召入伍了。

當時第二次世界大戰越打越慘烈，日軍正在太平洋群島之間，與美軍展開浴血激戰。起先日軍掌握先機，突襲珍珠港，迅速佔領東南亞各國，即將進逼澳洲領土，但經過中途島戰役和瓜達康納爾島戰役之後，日軍攻勢受挫，盟軍抓緊機會展開反攻，這也逼迫日本加強國家總動員體制，除了全國開始實施糧食配給制度之外，政府也開始實施「學徒出陣」政策。

學徒出陣動員就讀高等學校以上的青年學生到前線作戰（以徵召文組學生為主[16]），當時京都帝國大學大約有八成的文科學生都被徵召上戰場。由於李登輝就讀的農業經濟系被列入文科範圍，所以他也被強制徵召入伍，進入陸軍高射砲聯隊，駐紮在高雄屏東一帶，抵禦美軍登陸臺灣，掛階曹長（士官長）。

戰爭末期，日本本島告危，於是又被派往千葉及名古屋等地駐防，親身經歷了如人間煉獄一般的東京大空襲。他在操作高射炮的時候，一度被美軍炸彈的碎片劃破顏面，幸運地與死神擦肩而過[17]。而大他兩歲的哥哥李登欽，於太平洋戰爭爆發後，加

15 南滿洲鐵道株式會社，簡稱滿鐵，是二戰結束前，日本經營滿州的國有企業。滿鐵不僅負責鐵路營運，還兼營滿洲的各式產業，甚至還包辦了教育文化等事業，類似荷蘭「東印度公司」的殖民機構。

16 京都大學「學徒出陣」的學生裡面，文、法、經濟、農學部有八十三%的學生受到徵召，加上朝鮮與臺灣籍學生，共四二七六人（李登輝是其中一人）。而理工、醫學部只有五%的學生上戰場，共一九三人。資料來源：《京都大学大学文書館研究紀要》第五號，二〇〇七年。

17 後來李登輝隊上的小隊長被炸死，李登輝代理指揮空襲後的救災行動，負責協助搬運遺體及救援傷患。當時東京市區滿目瘡痍，焦土一般的景象，讓他留下非常深刻的印象。而他也經常提到，自己在東京協助救災的經驗，也充分運用在九二一大地震的救災指揮上面。

入了海軍特別志願兵，被派遣到菲律賓馬尼拉的戰場，但在一九四五年二月十五日，對抗盟軍登島的戰役當中，為了掩護隊友撤退，不幸戰死於南洋異鄉。

一九四五年八月十五日，日本天皇宣布無條件投降，二戰結束。李登輝回到京都帝國大學唸書，但當時日本經歷戰火摧殘，百廢待興，學校裡也沒什麼學生。於是李登輝在日本待了半年之後，隔年就搭船回到臺灣，轉學到臺灣大學就讀。

▲李登輝與哥哥李登欽（左）合影，這時李登輝是臺北高等學校三年級生，李登欽是警察學校學生。（圖片來源／國史館）

李登輝在臺大唸書的歲月，也是臺灣社會最為動盪不安的時期，除了政治上本省人與外省人的隔閡外，還有在中南部及東部爆發的霍亂疫情[18]；更嚴重的是，這段時間還發生了一場，臺灣百年來最為嚴重的糧食危機。

在戰爭時期，臺灣總督府實施「米穀配給統制」，就是農民生產了稻米之後，一律繳交給政府，不得私自碾米，再由政府統一配給給所有人。到了戰後，由於戰爭帶來的破壞，加上颱風等天災，糧食生產力只有一九三〇年代的一半，臺灣出現了糧食危機，於是臺灣行政長官公署延續了日本的糧食管制，希望跟戰爭時期一樣，統一由政府控制糧食。

可是戰後的行政長官公署有著人力不足、吏治不彰、效能低落種種狀況，加上糧食徵收價太低，所以農民都不願意上繳稻穀，導致糧食更為短缺、糧食市場更為混亂。陳儀眼看糧食管制失效，在一九四六年一月宣布廢止糧食管制，恢復稻穀自由買賣，但他為了保障軍隊糧食供應無虞，竟然同時下令封存各地的農會糧倉，直接徵收

18 臺灣的霍亂原本在一九二〇年代，因為公衛條件的改善，已將近絕跡。但戰後因為與中國交流頻繁，加上檢疫工作廢弛的關係，一九四六年又爆發了嚴重的霍亂疫情，導致兩千兩百人喪生。在疫情嚴重的地區，例如嘉義布袋發生警察為了封鎖村莊，開槍攻擊村民的事件；在臺南新營，也發生警察開槍驅散民眾，結果憤怒的鄉民進攻警局，圍毆裡面的警察。

作為軍糧──政府總計封存了十一萬公噸的稻穀，高達前一年稻米產量的兩成之譜。

如此倒行逆施的政策，更加劇了各地糧食短缺及糧價飆漲的現象，糧價從一月的每公斤十一元，到了三月飆漲至每公斤三十元，兩個月內上漲了三倍。而許多稻穀又被封鎖在倉庫裡，或是被軍隊徵收，如此一來就導致了嚴重的「人為糧荒」。糧荒最嚴峻的時候，甚至可以在新聞上看到路上有人餓死的消息。

以中部地區的米倉霧峰為例，當時霧峰地區的稻穀都被政府徵收，盛產稻米的農村地區竟然無米可食，霧峰鄉長林夔龍（林獻堂侄子）只能違背政府命令，設法將穀倉內的糧食便宜賣出去。

當時中部警備司令部的蔡繼琨少將發現霧峰鄉不願交出全部的稻穀，於是率領二、三十名軍人，架著機槍、開著卡車，強搶了霧峰的糧倉。林獻堂為此非常憤怒，向政府抗議，卻也無濟於事。走投無路之下，霧峰鄉長林夔龍只好緊急購買大量樹薯粉來救濟鄉親。就連盛產稻米的霧峰都面臨缺糧的狀況，臺灣其他地方慘況可想而知。

該年的糧荒，正是造成隔年二二八事件的原因之一。若要更詳細理解臺灣在二二八前夕的狀況，可參考吳濁流《無花果》、《臺灣連翹》及《波茨坦科長》等作品，將臺灣人從對未來充滿期待，到期望落空，乃至對政府產生不滿的過程，描寫得非常詳實。

臺灣左翼運動在一九二〇年代原本非常活躍，但在一九三〇年代遭到總督府政府鎮壓之後，就迅速衰退，無法進行公開活動。直到二戰結束後，臺灣共產黨成員大概也不到百人，力量非常有限。不過就在一九四七年二月，因為臺灣行政長官公署吏治敗壞，經濟上糧價飛漲，加上文化隔閡以及族群衝突的關係，導致二二八事件爆發。後來國民黨透過軍隊強力鎮壓，臺灣人死傷無數，雖然表面上平息了抗爭，卻無法澆熄臺灣人心底的怒火。

當時臺灣社會不分階級與族群，很多人都在思考推翻國民黨統治的可能性。於是一些抱持理想主義的有志之士，選擇加入中國共產黨，希望可以找到一條「更光明的路」[19]。

李登輝一九四六年四月從日本回到臺灣，轉學到臺大農經系就讀。李登輝必然注意到當時社會上極大的擾攘及不安，特別是被糧食政策壓迫得喘不過氣來的農村與農民。彭明敏在〈李登輝與我〉一文中講到，他在大學期間，經常跟李登輝還有另一名朋友，三人一起吃飯聊天。閒聊時，彭明敏會談臺獨的理念，李登輝不喜歡談政治，但是對農業問題十分關心，曾開口大罵糧食局長李連春的「肥料換穀」政策，剝削農民太甚[20]。

雖然當時李登輝正在學校裡專心讀書，專心補上因戰爭而中斷的學業，不過看到臺灣社會的這些亂象，這些年輕知識人內心的不滿與苦悶可想而知。李登輝在讀書之餘，其實也很想做一些事情。他說「生為臺灣人，既對臺灣的未來充滿使命感，也對於學習農業政策懷抱著滿腔熱忱，正值年輕的我，怎麼可能在當時的情況下，還不問世事，閉門苦讀？」

在一九四七年二月二十八日那一天，李登輝來到臺大農場，看見一群本省人正在追打外省人，他心想大事要發生了，於是從古亭走到南昌路的專賣局（今臺灣菸酒公司）想知道發生什麼事。結果到了現場，就聽到行政長官公署的方向（今行政院）傳來槍響，原來是軍隊在行政長官公署的露台用機槍掃射群眾，人群立刻四散逃竄，不久之後，行政長官公署宣布臺北實施臨時戒嚴。

隔了一天，李登輝到中山堂去參加「二二八事件處理委員會」的大會，現場人山人海，他只能待在門外旁聽。他發現委員會傾向以「政治改革」的方式來與陳儀談判，他很不以為然，認為這不過是在幫陳儀爭取時間調動軍隊（臺灣駐軍大多調

19 當時臺灣人對於中國共產黨認識其實不深，但是因為殖民地被壓迫的經驗，以及戰後二二八的悲劇，許多人對於理想的社會主義是帶有好感的。他們的考量，近似於簡吉在一九三七年於《獄中日記》寫下的悲嘆：「難道沒有更光明的路可走嗎？」反應了當時臺灣人的理想與失落。

20 彭明敏，《自由時報》〈李登輝與我〉，刊登於二〇二〇年七月二十三日的自由廣場版面。一九四六年八月十日李連春升任糧食局局長。

至中國進行內戰），等到軍隊回來了，局勢就會被逆轉。果不其然，等到陳儀請調的二十一師來臺之後，這些處理委員會的主要參與人員，都一一遭到軍隊清算整肅，例如蔣渭川、王添灯等人。在軍隊鎮壓的當下，李登輝還曾經躲在延平北路騎樓的柱子下，親眼目睹軍隊在街頭開槍掃射的畫面。

事件發生後不久，李登輝曾熱血地想要加入郭琇琮組織的武裝部隊。郭琇琮等人計畫奪取臺北市內的軍火，並佔領行政長官公署，但後來因失去後援，計畫尚未執行就宣告失敗。李登輝甚至考慮過要去臺中參加謝雪紅的二七部隊，後來反覆考量後，因條件不足而打消念頭。

後來李登輝回到校園裡，開始參與學生自治運動。原先這群臺大學生們，還想要組織全校性的學生自治會，但因為聯繫困難等原因，只好先成立各個學院的學生會。雖然當時臺大農學院只有五個學生，但李登輝也成立了農學院學生會，並且被推選為理事長，一直當到大學畢業為止。

熱血的青年李登輝，看到臺灣社會的種種亂象，開始思考各種政治改革的可能，對於共產主義的組織與理論也產生了高度的興趣。

他在大學期間，曾經跟一群好朋友住在臺大的日式宿舍裡面，組織了「新民主同志會」，並將宿舍命名為「普羅寮」（普羅是法語「普羅列塔利亞」的簡稱，就是無產階級的意思）。

新民主同志會一開始單純是讀書會，李登輝在裡面非常活躍，積極研究馬克思主義，閱讀蘇聯小說《鋼鐵是怎樣煉成的？》，甚至討論毛澤東的《新民主主義論》等書。

後來中國共產黨派徐懋德前來指導這個組織，以協助「臺灣省工作委員會」進行宣傳工作[21]。但李登輝顯然並不滿意這樣的方式，他說：

21　臺灣省工作委員會是中國共產黨在二戰後到韓戰期間對臺灣進行地下工作的組織。省工委在二二八事件後迅速擴張，但在一九四九年後，因領導人蔡孝乾落網，供出組織名單，之後大約將近兩千名左翼人士遭到清算逮捕。

我負責過學生活動，以後感到沒什麼意思，就離開共產黨。……共產黨的領導是單線領導，那個姓徐的偶爾會來（徐懋德），可能是一、兩個禮拜，或是一個月。我也是現在才知道他的名字，……他來時就對我說：你要怎樣做、那樣做。通常他是學校有事，就命令我要怎樣要怎樣。我這個人很討厭被人命令。……我覺得他說的事實在沒什麼意思，我看他們的領導要求做這款事情（去街上發傳單、在牆上塗寫「紀念二二八」等工作），不知是在搞什麼鬼？所以不久我就退黨了。[22]

李登輝並沒有像其他成員這麼熱衷共產黨的組織活動，所以他在一九四七年十月加入共產黨後，待不到一年，於隔年六月就決定退出共產黨。

一九四九年，臺大與師大爆發了「四六事件」，揭開白色恐怖序幕，李登輝大學時期的好友，已經有多人被捕，陸續遭到判刑、甚至槍決，例如李登輝的好友林如堉。他們戰後曾經一起開過舊書店[23]，也一起成立了新民主同志會。林如堉比起李登輝，更積極參與地下黨的組織工作，後來在一九四八年第一次遭政府逮捕，李登輝還因此躲到公館蟾蜍山底下，逃亡了兩個禮拜。林如堉被逮捕之後，受到殘酷的刑求審訊，不過他守口如瓶，並沒有供出李登輝的名字。一九五〇年十二月，林如堉因為在獄中繼續組織運動，遭到槍決，死時年僅二十六歲。林如堉有一名表弟陳文成，因支持臺灣獨立運動，於一九八一年的時候，也在臺大校園裡面遭國民黨特務暗殺。

雖然僥倖從虎口逃生，但這段經歷造成李登輝極大的創傷。白色恐怖後，他沒有一天晚上可以安心睡覺，他眼看自己朋友們一一被逮捕、被折磨甚至槍決，不知道自己哪天會被通緝並逮捕，終日惶然不安。

幸好在此之前，於一九四九年的二月九日，李登輝與終生的靈魂伴侶——曾文惠女士成婚了。在動盪不安的時刻，善解人意的曾文惠是李登輝重要的心靈支柱，她陪

---

22 張炎憲主編，《李登輝總統訪談錄（一）：早年生活》，頁一七八。

23 為了營生，李登輝與劉甲一、何既明、林如堉等人在臺北車站附近，今天的行政院對面一帶，開了一間舊書店。

伴李登輝一起找尋宗教的慰藉，夫婦倆在閒暇之時，經常到教會聆聽牧師講道，渴望獲得生死與靈魂的道理。他說：

> 那時候在臺大教書，時間較多，一星期有五天，天天都上教會，臺北的每個教會幾乎都去過。可是每次聽完講道後，都不覺得有神的存在。精神上有吃不飽的感覺，心靈上依然空虛。[24]

雖然找尋信仰的過程非常漫長，但經過教會長期的薰陶，李登輝夫婦最終接受了基督教。曾文惠先於一九六〇年受洗，後來李登輝也跟著在一九六一年受洗，正式成為基督教徒。日後他在政治道路上遇到許多考驗，都是透過虔誠的禱告，找到內在的平衡與前進的動力。

美援與土地改革

李登輝在學生時期選擇就讀農業經濟系的原因，一方面是嚮往新渡戶稻造的學思歷程；另一方面是聽說滿州國像是明治維新時期的北海道一樣，很需要拓殖的農業專家，於是想到那裡一展長才。但隨著日本戰敗，這個希望也就破滅了，於是他思考著要不要轉到社會系去唸書。但奧田彧非常欣賞李登輝，他承諾讓李登輝畢業之後留在臺大擔任助教，終於說服李登輝留在農經系。因此大學畢業之後，李登輝就繼續留在農經系擔任助教，這段時光，是從他去京都唸書以來，比較平靜的日子。

李登輝畢業之後，奧田彧已經回到日本。臨走之前，奧田彧向系主任王益滔舉薦李登輝。畢業自東京帝國大學農業經濟系的王益滔是外省人，來自浙江省，也許是同

24 柯義耕（Richard C. Kagan）著作《臺灣政治家：李登輝 Taiwan's Statesman》，蕭寶森翻譯。頁一一五。臺北：前衛，二〇〇八。

樣留日的求學背景，王益滔非常賞識李登輝，不但予以聘用，而且給了不錯的條件，讓他不必負責教書的工作，也不需要負責瑣碎的行政事務，只需要協助田野調查即可。於是李登輝擁有了非常多的空閒時間可以讀書。在王益滔研究室底下，他協助農復會進行了「農會改革」及「土地改革」的調查研究案。

除了幫忙王益滔之外，李登輝也在浙江省立法委員蕭錚（土地改革的主持者）的事務所兼任講師，參與了許多相關的研究工作，例如「土改前後地主與佃農的利益的影響評估」等；有時候他還要到處演講，宣傳推廣耕者有其田的政策。

農會改革是為了釐清日治時期產業組合（合作社）與農會之間的組織關係，並解決其經營危機。戰後初期，沿襲自日治時期的農會分立為「合作社」與「農會」，然因糾紛迭起導致業務廢弛。直到一九四九年七月，臺灣省政府接受農復會建議，頒布「臺灣省農會與合作社合併改組辦法」，並以省政府農林廳為主管機關。一九五二年，省政府依據行政院發布的《改進臺灣省各級農會暫行辦法》，進一步清理農會會員資格，並推動臺灣省各級農會改進工作。

至於土地改革，則是改變臺灣現代農業結構最為重大的政策，國民黨的出發點原本是政治考量，但後來卻帶來了巨大的經濟效益，創造了一九五〇年代的臺灣農業黃金時期——李登輝稱之為「田園之樂」的年代。

土地改革的起因在於，臺灣農地分配嚴重不均，日本時代土地未滿一甲的農戶有二十二萬四千九百三十一戶，共擁有十萬三千四百一十二甲的土地；而土地在二十甲以上的農民只有五七九戶，卻持有六萬八千四百一十甲的土地。也就是說，五十三%的小規模農戶只擁有全臺灣農地的十四%，而〇．一三%的大農戶卻擁有九．九%的土地。在這樣分配不均的情形下，佃農的生計幾乎都掌握在地主手中，若是遇到天災人禍等歉收的狀況，佃農生計就會遇到困難。

而到了戰後初期，臺灣社會發生了嚴重的糧荒，除了部份是因為戰爭破壞、颱風等因素之外，大部份的因素還是行政長官公署人謀不臧的問題。而當時糧食局為了確保糧食庫存，於一九四六年八月開辦了「田賦徵實」政策，就是規定所有的田地租金一律用稻穀來繳納，政府希望可以透過盡可能地收集稻穀，再辦理「平糶」（音跳），意思是便宜地將稻穀釋出到市場，避免糧價居高不下。

但田賦徵實的政策實施之後，糧價不降反升，一則是政府平糶的措施執行並不徹底，二來是因為國共內戰的關係，中國內部兵荒馬亂，糧價比臺灣更高出許多，於是囤積糧食與走私稻穀到中國的情形越來越嚴重，造成糧價失控的現象。一九四六年一月，蓬萊米的價格每公斤是十一元，實施田賦徵實後價格仍持續走高，至一九四七年二二八前夕已經來到一公斤五十三元，可見糧食政策之失控[25]。

二二八之後，也因為內戰關係，臺灣通膨狀況越來越嚴重，於是地主只好將徵集稻穀的壓力轉嫁到佃農身上，有些地方的租金甚至突破五成，亦即佃農種植出來的稻穀，超過一半要繳交給地主。若是佃農不願意負擔高額地租，地主動輒威脅撤銷租約，導致農村地區地主與佃農的關係越來越緊張，開始出現許多小規模的佃農抗爭事件。李登輝的老師王益滔就指出：

當時實施徵實、徵購政策，地主負擔加重，為圖轉嫁，撤佃加租在所難免；重以幣值日跌，物價上漲，土地投機又見風行，遂至租佃制度，又趨惡化。[26]

臺灣省政府為了避免農村騷動擴大，甚至進而被共產黨所利用，演變成中國「鄉村包圍城市」那樣的困境，決定積極推動土地改革。一九四九年二月一日，新上任的臺灣省主席陳誠宣布實施「三七五減租」，將地租最高上限訂為三十七．五％（過去地租大約都在四十％至五十％之間），大幅減輕了佃農的負擔。

不過佃農負擔減輕，地主的損失就加重。於是地主紛紛「撤佃」，收回田地自營。大量佃農失去土地耕作，農村的階級矛盾反而更加嚴重。於是省政府決定要從根

25　曾獻緯，〈戰後初期臺灣的糧食管制（一九四五—一九四九）〉《臺灣文獻》六十六卷三期，頁九十六。
26　王益滔，《臺灣土地制度與土地政策》（臺北：臺灣經濟銀行研究室，一九六四），頁七十。

本解決這樣的問題，就是要讓佃農都擁有自己的土地，實施「耕者有其田」的政策勢在必行。

第二階段的土地改革稱為「公地放領」，原先日本時代有許多土地都是財團所有，例如製糖會社的土地，戰後國民黨政府都將其收歸公有，因此在全面實施私有地的耕者有其田之前，政府決定先整理並釋放公有土地給佃農。於是在農復會的主導及支援下，一九五一年先推動「地籍總歸戶」，亦即清查及確認所有土地產權，進行清查完畢之後，政府先後釋出了六萬三千甲的公有地。

到了一九五三年，《耕者有其田條例》通過，政策規定地主最多只能保留水田三甲或旱田六甲的土地（一甲大約等於一公頃），其餘由政府徵收。徵收的價格以土地收成的二．五倍計算，但政府並不會發放現金，而是以七成實物土地債券（分十年攤還，年息四%），及三成的四大公營事業臺泥、臺紙、工礦、農林公司的股票（一次給付）來償還。總計政府徵收並發放了十四萬三千五百六十八甲的土地，加上公地放領的面積，土地改革總共釋放出了臺灣農地總面積約二十六%的土地，增加自耕農戶數約二十萬戶。

由於李登輝的家族在三芝有些田產，妻子曾文惠的父親則是當地的大地主，土地改革對於雙方家族的衝擊都非常大。因此家人們對土地改革的政策，以及李登輝協助土改的工作頗為不滿。李登輝只好跟家人解釋說：「繼承祖先土地，卻不事耕作，只坐收地租，過著富裕的生活，是不對的。」

他日後回憶到這段往事：

為了社會公平、正義，我認為土地應該改革，因為佃農實在可憐，我是站在這個立場。但是我被厝內的人罵，因為厝內的土地在土地改革以後都被政府拿了了，說起來我是憨！後來厝內真艱苦，也就是因為土地改革的關係。……實在說真可憐，我每個月還要賣土地債券，賣一張剛好是四百多元，不然就賣太太的戒指，我們是這樣生活過來的。

當時李登輝的薪水很微薄，所以在剛結婚的頭幾年，生活非常艱困，夫妻倆必須靠著販賣金戒指及家裡的土地債券過活，連生病都捨不得看醫生。一九五二年，李登輝隻身到美國進修的時候，曾經買了一盒巧克力，要寄回臺灣給曾文惠及兒女們品嘗——當時巧克力在臺灣是很珍貴的甜點，曾文惠非常興奮地到郵局領取包裹，沒想到郵局職員說，還要再加收一筆越洋的貨物稅，而這筆稅金非常高，曾文惠遲疑了一陣子，牙一咬，跟郵局職員說「不領了」，忍痛放棄了這盒巧克力。可見當時他們夫婦經濟並不寬裕。

縱然土地改革讓家裡蒙受重大損失，李登輝還是認為這個政策是對的，因為改革之後，原本受制於地主的佃農成為了小型的自耕農，有了自己的土地之後，農民士氣大振，生產動力增加，更加積極投入工作，大幅提升了農業的生產力。李登輝根據長子李憲文遺著所編成的《臺灣農地改革對鄉村社會之貢獻》一書即指出，臺灣農民擁有耕地之後，每人每年工作時間平均增加二十天，也就是農民變得更加勤奮工作，稻米產量也快速上升，一九五二年之後就恢復到了日本時代的產量最高水準（大約年產一百四十萬公噸）。

在擔任臺大助教的期間，李登輝還特別到中南部農村去做調查跟輔導。他認為農民生產力及勞動日數提昇之後，可以另外開發一些額外的農產副業，例如在彰化，他協助農民研究冬季裏作期這段時間（秋收後到冬天），可以種植什麼蔬菜，或者是如何利用剩餘資源飼養雞、鴨及豬等等方法。他也在高雄湖內參與了一項「立體農場」的研究，就是搭一座兩層的豬舍，最上層養豬，下層養鴨和養魚，豬糞落下就成為鴨跟魚的飼料，形成了循環利用的綜合農場。這項研究也啟發他日後在農復會服務時期，到雲林推動的綜合養豬計畫等事業。

臺灣自一九五〇年代土地改革之後，地主階級式微，新興的自耕農平均擁有農地僅約一．二公頃左右，耕地非常零碎，且勞動力來源是以家庭為基礎，勞力非常密集，形成了「小農社會」（家庭式農場）的型態。農民不再受制於地主之後，個別農戶就像是一個自營的家庭企業，可以自由調整生產方式，勞動力也得到更充分的利用。日後李登輝研究與關注的對象，都聚焦在臺灣的小農經濟上面，也構成了他農業政策的核心架構。

至於地主階層——原本透過土地掌控農村經濟，同時也扮演著具有政治影響力的地方頭人——在改革之後，土地被強制徵收，轉換成了公營事業股票，但一九五〇年代初期這些股票價值及配息價格都很低廉，所以多數大地主在土地改革之後，並沒有獲得實質的利益，在地方上的影響力也跟著減弱不少，地主階層於是逐漸式微。

少了中間的地主階層，於是政府可以直接掌控農村的生產及政治分配，透過糧食局進行肥料換穀等徵集穀物的政策，為往後「以農業培養工業」的政策打下了基礎。原本土地改革是出於穩定社會，不得不為的政治措施，卻意外成為了臺灣經濟發展的動力來源。

第一次赴美留學

在臺大擔任助教的期間，李登輝一面準備留學考試，想要出國深造。當時臺灣政府沒有經費提供公費留學，所以李登輝參加的是由美國經濟合作總署[27]與農復會合作提供獎學金的考試，算是戰後第一次的公費留學考試。當時考試非常競爭，報名一千多人，只有三十五個名額。並規定唸完書之後，一定要回臺灣服務，而且至少要在原本的推薦機關服務兩年。當年李登輝是由臺灣省農林廳廳長徐慶鐘[28]所推薦，所以歸國之後必須要到農林廳服務。

李登輝以非常優異的成績通過考試，考取愛荷華州立學院的農業經濟系。同時錄取的三十五人當中，大部分都是本省人，除了進修農業經濟的李登輝之外，還有進修

27 美國經濟合作總署（Economic Cooperation Administration）負責各項戰後外援的單位，簡稱ＥＣＡ。與行政院美援運作委員會（簡稱美援會）共同運作美援的各項事宜。

28 徐慶鐘（一九〇七—一九九六），臺北萬華人，臺北帝國大學農學博士，為蓬萊米之父磯永吉的學生。在臺北帝大期間，成功改良黃麻品種為適合在臺灣生長的品種，後來更研發出可早作的「鐘麻」，成為臺北帝大第一名臺灣籍博士，也是戰後臺大第一名臺籍教授。戰後歷任臺灣省農林廳長、國民黨副秘書長、行政院政務委員兼內政部長、行政院副院長。退休後改任總統府資政。

工程學科的高玉樹、進修水產行政的楊基銓、以及進修公共衛生的許子秋等人[29]，可以說都是一時之選的臺灣精英。

正式出國之前，還發生了一段小插曲，他在出國前體檢的時候，被檢查出肺部有黑點，可能疑似感染某種細菌，所以就沒辦法去美國。不過由於農復會農業經濟組的組長道森（Owen Dawson）[30]非常賞識李登輝，幫他爭取到六個月的時間做檢查跟治療。道森還找李登輝到農復會農經組短期實習，研究「糖米債券」等政策；李登輝利用這段時間，用英文寫出相關論文〈影響臺灣糖價各種因素〉（Factors affecting sugar price in Taiwan），由謝森中[31]協助修改並發表。

經過一番波折，李登輝終於在一九五二年三月，來到愛荷華州立學院（一九五九年改為大學），主修農業經濟的市場與價格理論。愛荷華州是位於美國中西部一個以農業為主的州，特產為玉米、大豆及畜產等，為美國第二大農業州，因此愛荷華學院的農業研究十分優異，特別是計量經濟學的部份——這也是李登輝選填這所學院的原因。

一九五〇年代初期的愛荷華州立學院，學風非常自由，不但承襲了戰前美國學術的研究基礎，也匯聚了世界各國赴美深造的精英。李登輝的同學當中，有來自世界各地、各種族的學生，包括法國、印度、日本，甚至還有從中國去的學生。當時二戰結束並不久，全球局勢已形成美國與蘇聯兩大陣營。雖然當時美國正處於「麥卡錫主義」的反共情境中，但根據李登輝的回憶，同學之間仍然有著非常開放的交流

29 高玉樹（一九一三—二〇〇五），臺北人，早稻田大學電氣科畢業，曾以黨外身份當選臺北市長、後歷任交通部長、政務委員、總統府資政等職務。楊基銓（一九一八—二〇〇四），臺中清水人，東京帝大商學科畢業，求學期間非常敬仰矢內原忠雄，畢業後曾任宜蘭郡守、臺北州商工課長等職務。戰後於農復會擔任技正，專門負責漁業發展事務，擔任臺北市建設局長、經濟部常務次長、土地銀行與華南銀行董事長等職務。許子秋（一九二〇—一九八八），臺南人，京都帝國大學醫學部畢業，戰後曾任省政府衛生處處長及行政院衛生署署長，任內積極處理霍亂、小兒麻痺及日本腦炎等公衛問題。

30 Owen Dawson 原為美國駐華大使館農經參事，兼任美國共同安全總署中國分署經濟顧問，曾與沈宗瀚合作發起中美農業合作團。後來擔任農復會第一任農經組組長。

31 謝森中（一九一九—二〇〇四），廣東梅縣人。美國明尼蘇達州立大學農經博士。曾於農復會服務，擔任農經組組長，與李登輝合作寫出不少論文。後擔任行政院經建會副主委、交通銀行董事長，一九八九年擔任中央銀行總裁。

與討論，其中不少人也提出對美國的質疑，甚至是站在左派的觀點批判「美國帝國主義」。對照曾經在一九四〇年代經歷過日本軍國主義，以及蔣介石極權統治下的氛圍，美國校園的自由風氣，或許也給李登輝帶來了不小的震撼。

李登輝當時十分敬仰的經濟學大師舒茲（Theodore William Schultz，一九〇二—一九九八）曾於一九三〇年代任教於愛荷華州立學院，後來到芝加哥大學任教，他是經濟學芝加哥學派的核心人物之一，一九七九年以開發中國家農業經濟的研究，獲得諾貝爾經濟學獎的殊榮。李登輝原本想要成為舒茲的學生，但到了愛荷華之後，才知道舒茲竟然已經離開，轉到了芝加哥大學任教。不過李登輝依舊認真鑽研了舒茲的著作，日後他關於「農業與工業發展應該並重」的想法（農工二元論），就是來自於舒茲的理論。

舒茲的研究，大致上是說開發中國家，經常會將農業視為落後的部門，僅僅只是供應糧食，或是提供勞動力的來源，且往往會偏向「重工輕農」的政策。這種傳統發展思維，造成了農業投資不足、生產環境惡劣，農民所得受到剝削，進而導致農村人力素質偏低，生產技術低落、心態也十分消極。在這種情形下，生產技術與效率是不可能得到改善的，國家經濟成長也會連帶受到影響。

舒茲進而提出，農業部門的轉型，其實是帶動工業發展的重要因素，甚至是必要條件。讓傳統農業升級為現代化農業，是發展中國家非常重要的課題。然而要怎麼促進農業轉型呢？舒茲認為應該將「農業」與「非農業」兩個部份一起來看，政府不只是投資農業的部份，也應該從「非農業」的部份來著力。

這就牽涉到舒茲極為重要的「人力資本理論」，意思是改善農業問題，必須先積累農村的人力資本，而最重要的辦法就是給予農民足夠多的教育與文化資源。當農民獲得足夠的教育與文化資源後，他們就擁有了學習新技術以及組織管理的能力，以提高生產效率，如此才有機會帶動傳統農業的轉型。舒茲這套透過提昇人力資本改造農業生產的理念，非常適合運用在開發中國家，因此又被稱為「窮人經濟學」。

李登輝不僅受到舒茲的影響，愛荷華州立學院科學實證的風氣，也深深影響了他。知名統計學家斯內德克（George W. Snedecor，一八八二—一九七四）也曾任教於此，斯內德克是美國統計學的奠基者，他在愛荷華州立學院成立了美國第一個統計學系及統計實驗室。其學說承襲自英國的費雪爵士（Sir Ronald Aylmer Fisher，統計學與生物學家），提出「F-test（Ｆ檢定）理論」（一種統計學方法，以少數樣本來驗證大數法則），他將Ｆ檢定應用在農業統計方面，獲得極大的成就。在這樣的學術環境底下，李登輝在愛荷華一口氣修了七門統計學及兩門計量經濟學，跟上了當時全球最先進的計量經濟學的腳步，也奠定了他日後進行研究與施政的務實主義風格。

他在愛荷華求學期間，到過美國最大的國營事業「田納西河谷管理局」（Tennessee Valley Authority，簡稱「ＴＶＡ」）實習，認識了美國大型水利與電力系統運作方式。

ＴＶＡ是美國在一九三〇年代經濟大蕭條的時候，小羅斯福總統提出「新政」當中的重大計畫之一。美國田納西河流域經常氾濫，導致農產業收穫非常不穩定，田納西州也就成了美國相對貧窮落後的州之一，許多地區甚至連電力都沒有。後來適逢美國經濟大恐慌，政府需要加大基礎建設的投資來振興經濟，於是小羅斯福總統推動成立了ＴＶＡ，此項建設綜合掌管了田納西州附近所有水域及相關工程，包含航運、防洪、發電、農產業、生態旅遊乃至都市規劃等等，是美國目前最大的國營事業機構，光是在三〇年代到五〇年代之間，ＴＶＡ就新造及改建了二十五座水壩。整體計畫完成之後，為附近地區帶來豐沛的電力資源，以及諸多基礎建設，大為改善田納西州的經濟，一直到一九七七年，ＴＶＡ甚至轉虧為盈，目前每年都還能創造大量營收及就業機會。

但可惜因為臺灣政府給的時間有限，李登輝待在愛荷華只有一年半的時間，他要修課又要實習，光是暑假就分別到芝加哥學習期貨買賣、田納西學習水利工程跟棉花檢驗，時間匆促，所以來不及寫碩士論文就返臺了。

一九五三年李登輝返臺的時候，從菲律賓轉機，要辦理入境的時候，卻被海關攔阻下來。可能是因為李登輝有「政治案底」，遭到臺灣政府註記的關係。後來經過農復會秘書長蔣彥士擔保，才順利入境返臺。

農林廳經驗

原本李登輝從愛荷華州立學院學成回臺後，很想到農復會去工作，因為一般公務員兼臺大助教的薪水，一個月才四百元台幣，但農復會領的是美國人的薪資，月薪兩百美金，換算下來一個月有八千元台幣，待遇相差了二十倍之多。不過當初李登輝得以赴美留學，是由農林廳長徐慶鐘所推薦的，為了回報徐慶鐘的知遇之恩，他最後還是選擇到省政府農林廳報到，擔任農業經濟科分析研究股股長。

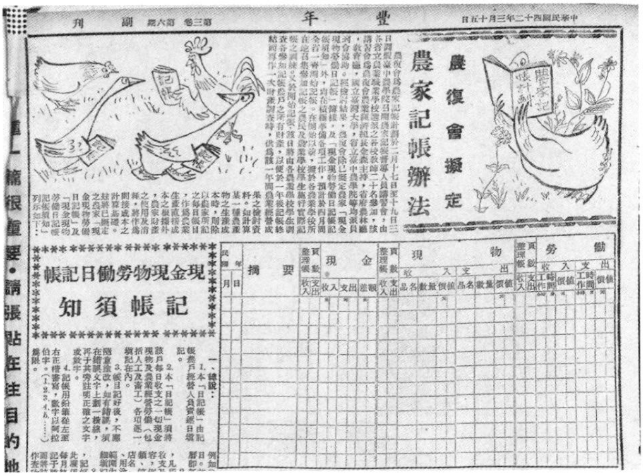
中華民國四十二年三月十五日　豐年　第三卷　第六期　副刊

農復會擬定

農家記帳辦法

現金現物勞働日記帳

記帳須知

▲一九五三年《豐年》雜誌在副刊介紹農復會推廣的農家記帳辦法。

李登輝到農林廳之後，首要的工作就是進行農村調查，但當時農民少有記帳的習慣，很難掌握一般農家的經濟狀況，於是他們開始進行「農民帳簿」的推廣活動。一九五三年起，農林廳協同教育廳、臺灣大學與臺灣省立農學院（中興大學前身）合辦了「農家記帳計畫」。

他們先請省立農學院培訓全臺十所高農的教師，再由這些教師從學校的四健會當中遴選出五百位學生，並將這些學生指派到五百戶農家，由學生們指導農民每天填寫〈現金現物勞働日記帳〉，以利農家年底檢討家計之用。

那時候李登輝也經常到貧困的地區推廣記帳，每次出差都住在當地的旅社，經常一住就是一個禮拜。他發現雲林海線的居民生活實在非常艱困，讓他印象深刻，於是開始思考如何改善當地經濟，才有了後來的「海豐村計畫」。李登輝回憶當時的情景：

那些農家艱苦的情形很嚇人，我們說是風頭水尾，草蓋起來的厝裡面，人和牛、雞、鴨都一起住，裡面也是同款在煮飯，是這樣在生活，這就是那時候的麥寮。……（我）旅館在台西，當時臺灣人怎說台西？說台西人沒吃米啦，那些人都吃蕃薯過日子。

水，農業的生命之源

李登輝是農業經濟專家，加上曾在農復會工作很長一段時間，所有農業相關的領域，幾乎都有涉獵。關於農田水利的問題，在他青年時期，服務於農復會、農林廳期間，就經常有機會到臺灣各地考察農田水利設施，與各地水利人員溝通交流，也實際參與了石門水庫計畫的可行性評估研究工作。

石門水庫在臺灣算是首屈一指的大工程——原本桃竹苗的丘陵台地地區，由於地形及降雨量分布不均，水源非常不穩定，大多數的農田都是「看天田」。雖然桃園地區平地興建許多埤塘，日本人也興建了桃園大圳，不過大漢溪（一九六六年之前稱大嵙崁溪）上游的龍潭、平鎮及楊梅地區，因為地勢較高，很難分配到水源。在一九五四年的時候，因為降雨不穩定，桃竹苗連續兩年發生了嚴重的旱災，一、二期稻作將近一半的田地，都沒有水源可以插秧，造成了農民極大的損失。

▲李登輝在臺灣省農林廳服務期間，與水利局官員在東部調查水資源情形。
（圖片來源／國史館）

原本日本總督府就有在桃竹苗地區興建水庫的構想，嘉南大圳的總工程師八田與一也到桃園地區進行勘查，但由於戰爭爆發而導致計畫中斷。戰後，臺灣政府也有意續建水庫，但因為經費不足而遲遲無法動工。由於一九五四年發生大旱，地方人士向省政府請命興建水庫，省主席陳誠將石門水庫放入四年經建計畫當中，並且有了美國資金大力援助之下，石門水庫工程總算有了眉目。

於是臺灣省農林廳、建設廳、水利局、農復會及行政院經濟部等單位合組了「石門水庫設計委員會」，由臺灣大學土木系教授徐世大擔任總工程師，開始積極規劃研究石門水庫興建的可行性，李登輝因為具有農村調查的專業，以及美國TVA的實習經驗，於是就被找去一起參與研究。

規劃研究結束之後，一九五六年省政府成立「石門水庫建設委員會」，水庫開始動工，至一九六四年竣工營運，總建設經費約台幣三十二億元，多數由美援貸款支出，且由美國提供大量技術支援，是冷戰期間，美援最大型的工程之一。石門水庫蓋好之後，透過桃園大圳及新建的石門大圳，為中下游三萬六千多公頃的農田，提供了豐沛且穩定的水源。

李登輝在石門水庫的計畫當中，參與了三個月的研究計畫，累積了對相當豐富的農田水利經驗與知識。後來到農復會服務之後，他也繼續進行石門水庫的後續利用研究，當時同事謝森中指出：

在農復會共事時，我們常一起出差，跑遍了全省三百多個鄉鎮，我們到達許多山地鄉、水利會、農會等，也為石門水庫與曾文水庫的技術工程做經濟分析。這也就是由農復會幫忙做建設水庫前的經濟調查，分析國家在此重大投資之前，是否有經濟價值為依據，譬如農村的生產力、單位產量等，調查後成為一份基本資料，水庫完成了三、五年之後再去做配對調查，前後比較，如此可以評估出水庫的功能。

一九五三年自臺灣大學農業工程系水利組畢業、投入水利事業超過一甲子的農委會退休參事溫理仁回憶，當年他在農復會水利工程組服務時，李登輝是農經組的同事，農復會當時補助省政府建設許多水庫及水資源工程，經常請李登輝協助水利工程組辦理計畫的可行性經濟評估，因此李登輝對各地農田水利設施非常熟悉；難能可貴的是，李登輝就任總統後，對農田水利設施仍不減關心，他鼓勵農委會農田水利人員積極參與國際會議、加強國際技術交流，並促成農委會、國際水資源管理研究中心及康乃爾大學多年的合作研究。

前嘉南農田水利會會長李源泉則指出，李登輝自擔任副總統起，幾乎每年都會到訪嘉南農田水利會，尤其喜歡到烏山頭水庫，相信是李登輝當年多次到嘉南灌溉區調查研究的緣故；李登輝非常推崇日本技師八田與一建設嘉南大圳所展現的毅力與奉獻精神，總統卸任後，也經常在各種場合提及八田與一的事蹟。

這些豐富的歷練，讓李登輝成為有史以來最了解臺灣農田水利工程的領導人。前桃園水利會會長李總集說，李總統只要有機會到地方來，一定要求視察重大水利設施，甚至安排重要外賓前往參訪，例如海地總統蒲雷華、馬拉威總統莫魯士伉儷等，都曾到訪桃園農田水利會。他回憶起李總統經常在參訪時說，「沒有水利就沒有農業，農業發展是國之基本，水利工程是農業發展的基礎。」

前農委會農田水利處長蔡明華認為，李登輝如此重視利水興農，熟悉農田水利會組織運作及灌溉排水設施，或許與他父親李金龍長年在農田水利會服務有關。李金龍自淡水郡警員退職後到三芝水利組合上班，後來擔任淡水農田水利會兩屆評議委員及四屆會員代表。

李登輝對農民用水權益的重視，也展現在具體施政上，他在臺北市長任內積極興建翡翠水庫，並支持臺北市農會推動坡地茶園與平地蔬菜園省水噴灌；擔任臺灣省主席時，推動「濁水溪集集共同引水計畫（集集攔河堰）」，總統任內，李登輝更指示興修雲林「濁幹線北水南引工程」等多項重大建設。此外，李登輝經常與各地農田水利會會長座談，深入交換意見，還創下總統接見農田水利會「模範小組長」的先例，非常水利會的角色與貢獻。

李登輝也致力推動西部沿海造林，前農委會主委陳希煌生前曾說過，李登輝早在擔任政務委員期間，就關注海岸造林問題，某次他搭直升機巡視西部海岸，回來之後

▲一九九一年六月，李登輝總統視察南投縣集集攔河堰工程預定地，聽取省水利局長洪炳麟（右）報告規劃情形。（圖片來源／中央社）

特別向陳希煌提到：「從空中望下去，凡是有種防風林的地區都是一片綠油油的。」

這個成果得來不易，因為臺灣西部沿海的林帶，曾在二戰期間被大規模砍除，過去很長一段時間一直無法復原。李登輝的學生、臺灣大學生物環境工程系名譽教授甘俊二[32]回憶，一九六〇年，李登輝在某次上課時提到，日本時代臺灣西部沿海原本種植了相當茂密的防風林，大約十二萬公頃左右，可以保護沿海的農地，避免鹽化跟沙漠化。不過在太平洋戰爭期間，日本人為了防止美軍登陸後，防風林會阻礙防禦，就將防風林全部都砍掉。因此從北部八里，一直到曾文溪以南，西部海岸就變成了光禿禿的一片沙漠，戰後估計僅存一千兩百多公頃海岸林地。但沿海變成沙漠之後，要繼續復育防風林就變得更為困難，造成海岸生態的浩劫。

李登輝對這議題非常在意，他語重心長地對甘俊二說：「甘君！你是研究水的，後龍溪出口的地方，你去看看，一整片都是沙漠，一棵樹都沒有；你努力看看，是不是可以解決這問題，希望你把這些林帶救起來！」

32 甘俊二，新竹竹東人，畢業於東京大學農業工程研究所，臺大農工系教授（農工系目前改名為生物環境系統工程學系，過去專門研究農田水利工程），為臺灣知名的灌溉排水工程專家。長年研究旱地灌溉及稻作改良。李登輝曾經和他一起推動臺灣的「ＳＲＩ（稻作強化栽培體系）」，成立了ＳＲＩ協會，李登輝促成企業家劉清繁擔任理事長，邀請美國康乃爾大學的學者Norman Uphoff、日本東大的學者山路永司及臺灣學者張煜權等專家組成研究群，在臺灣推動ＳＲＩ的研究工作。

在李登輝的鼓勵下，甘俊二潛心研究鹽化土壤灌溉改良的方法，攜手眾多農業專家，以及農委會農水處、林務局等相關單位，經過幾十年各界的群策群力，臺灣西部的防風林終於慢慢地種植回來，沙漠變回綠洲，恢復了百年前的海岸生機。

二〇〇八年，甘俊二在苗栗縣的崎頂沿海地區，成功以伏流水技術種防風林，相關技術在土耳其水資源大會發表後，轟動一時，並成為日本的頭條新聞，後來還引進到查德等非洲國家。甘俊二把成就歸功於李總統，他說，「這是老師給我走的一條路」，李登輝在一九六〇年，就有此遠見，可說是「世界性的貢獻」。

第二章
乘風而行，壯心凌雲

李登輝的康乃爾大學博士論文讓他享譽國際，返國後經常以專家身份受邀出席國際學術會議。1969 年，李登輝搭機前往蓋亞那，預定停留兩週，考察農業概況。

圖片來源：中央社

1 農復會的青年才俊

李登輝在農林廳任職第二年的時候，廳長徐慶鐘辭職，由金陽鎬接任。農林廳的薪水並不高，李登輝當時收入拮据，甚至要變賣家裡在土改之後得到的土地債券，以及曾文惠的嫁妝來過活。於是徐慶鐘一離開農林廳，李登輝就向廳長金陽鎬提出辭呈。原本金陽鎬還不想放人，經過他數次爭取，才成功離職。離職之後，經由在農復會農業信用組工作的朋友許建裕推薦，他來到合作金庫擔任研究員。

在合作金庫期間，李登輝的工作是研究農業保險制度，做了大約兩年左右，之前非常賞識他的謝森中，從美國明尼蘇達大學拿到博士學位回來，擔任農復會農經組的組長，邀請他去那邊工作。

於是在一九五七年，李登輝終於進入到農復會農經組工作。他們兩人密切合作，針對農業生產、糧食需求及農業政策與制度三方面進行了許多研究與分析。由於農復會是由臺灣跟美國共同管理，因此開會及發表論文的場合，多數是用英文來進行。李登輝在英文寫作上比較吃力，所以謝森中也負責潤飾英文的部份。

謝森中回憶起與李登輝共同工作的歲月：

> 我們由農業發展的生產供給面、市場需求面、資本形成與財務面來分析臺灣農業成長的過程，過去五十年的統計數字要一一找出來繪成系統圖表。通常我們都是先在腦中有了概念，然後討論總體的觀點，充份溝通彼此對日本、臺灣與美國三方面的經驗、歷史與現況，有了研究方案，再收集資料、驗證理論，最後才是拿統計數字、圖表做文章。
>
> ……我們兩人一起執筆，由於那時都住在松江路，常同進同出，也會偶而坐到咖啡廳，邊喝咖啡邊繼續溝通，許多黃金般的構想，在腦力激盪時可以突然誕生。李登輝先生是個相當喜歡做研究的人，最痛快的事莫過於有了新的點子，然後暢快地談上二、三個鐘頭，一分鐘也不浪費地讓思想一路走下去，很有挑戰性，過癮極了。

……我們的工作室裡另有一位陳月娥小姐[33]，協助處理數字的統計、資料的收集，她是位相當認真負責及能力很強的女性，幫了我們很多忙。當時我們感覺臺灣的農業在勞動力、土地、資源和生產力上都會慢慢發展到極限，將來農業促進工業發展後，一定會走到了功成身退的地步，農業進步的發展，要靠產品結構的改變，走高附加價值產品的路，從勞力密集變為技術和資本密集，產品運銷的改進等，同時工業回饋農業的時代，就將來臨。……我們還共同首創和推動臺灣省的農業普查。總之，當時我們人在農復會，是為國家工作，也是為全國農民工作，我們自己感覺到一定要創新，要做工程設計經濟分析的先鋒，年輕人充滿理想和幹勁，滿腦子改善經濟環境的推動農業發展方案，與致勃勃。

一九五八年，兩人共同出版了《臺灣農業發展分析：投入產出的生產力方法》（An analytical review of agricultural development in Taiwan :an input-output productivity approach）一書，為二戰後最早關於臺灣農業發展（一九一〇到一九五八年）的綜合性研究論文；一九六六年，兩人又以英文出版了《臺灣農業發展及其對經濟增長的貢

▲李登輝在農復會時期勤於研究，發表非常多論文。
（圖片來源／國史館）

獻：臺灣農業發展的投入產出與生產力分析》（Agricultural Development and Its Contribution to Economic Growth in Taiwan: Input-output and Productivity Analysis of Taiwan Agricultural Development）一書。

而其他李登輝在農復會期間寫的論文，大部分都收錄在一九八三年，李登輝六十歲的時候，夫人曾文惠找來李登輝學生黃大洲彙整編印的《臺灣農業經濟論文集》裡面。這本文集共三大冊，

33 陳月娥，一九三四年出生於臺北。臺大農經系畢業，為李登輝的學生。畢業後到合作金庫及農復會擔任李登輝的研究助理，協助整理日本時代到五〇年代的臺灣農業經濟資料，為李登輝得力的研究助手。曾任農委會統計室主任，及經濟研究課課長。

洋洋灑灑二七二九頁，包括中文論文一冊，六十七篇；英文論文兩冊，三十六篇，共一〇三篇。中文論文分成「農業發展與政策」、「農業生產與市場」及「農家所得與農村建設」三大項目。英文論文則有：「經濟發展」、「農業在經濟發展中的角色」、「農業政策與計畫」、「農業發展」及「農業經濟之結構」五個部份。

從上述大量的論文研究中，可以看出李登輝在農復會期間，進行了非常紮實且完整的研究，凡從農業制度、生產力、產銷體系、農民收入乃至農業保險等項目都詳細考究，而這些重要的研究結果，也成為了一九七二年就任政務委員之後，他參與推動《加速農村建設重要措施》的政策基礎。

不過，儘管農復會的工作順心愉快，但李登輝心底還是有些遺憾，他自一九五二年去美國留學之後，就再也沒有進修的機會，最高學歷還停留在大學畢業。而農復會裡的博士專家比比皆是，有些比他資淺的同事甚至都已經拿到博士，他也年過四十大關，對於生涯發展有些焦慮。於是李登輝不斷向上級申請要出國唸書，但申請的公文一直沒有被批准。他猜想：可能跟年輕時參加過左翼活動的經歷有關。

不過，農復會究竟是怎樣的單位？為什麼李登輝會如此嚮往這份工作？農復會的全名是「中國農村復興聯合委員會」（Sino-American Joint Commission on Rural Reconstruction，英文簡稱ＪＣＲＲ），是在美國援助下成立的機構。

農復會的緣起，起先是第二次世界大戰結束之後，全球經濟受到很大的破壞，美國擔心共產黨會趁機奪取政權，於是積極協助國民黨重建中國經濟。其中一項重要的工作，就是恢復農村生產力，於是一九四六年美國派遣了穆懿爾（Raymond T. Moyer）等八名農業技術人員來到中國，與中方的鄒秉文及沈宗瀚等人組成了「中美農業技術合作團」，推動農業生產、農田水利改革及農村福利等各種政策。

到了一九四八年，美國意識到國民黨的戰況出現危機，於是通過《援華法案》，提供蔣介石更多資金與軍備。透過此法，中美雙方正式成立「中國農村復興聯合委員會」，專門進行農業建設。農復會是採委員會制度，由美國任命兩名委員、中國任命三名委員，共五人組成。蔣夢麟出任第一任主委，秘書長為蔣彥士。

由於農復會主要是由美方出資，中美雙方共同管理。農復會非常重視技術，用人唯才，委員會及秘書長底下設有許多組，組裡的核心骨幹為技正與技士，例如李登輝在農業經濟組就是一路由技士、技正當到組長。而且農復會上下班不用打卡（簽到退），差旅費也是自行填報，管理風格非常自由，每個人只要專心完成自己的任務即可。農復會這一套「美式」的組織模式，得以避開繁複的官僚制度，以較為務實、彈性的方式來運作。從謝森中的說法，就可以看出農復會的特色：

農復會的好處是行事很有彈性、效率高，少有官僚系統，不須公文傳遞，委員雖高高在上，但也都是從他們的專長出身，有專業的訓練。另外，農復會沒有分支機構，向農復會申請計畫很有彈性，縣、市政府、鄉、鎮農會、農校、研究機構，各階層只要有好的計畫，都可以直接與農復會接觸，沒有行政上的層層關卡，所以計畫是動態的。

農復會跟著國民黨來臺灣之後，協助推動了兩項非常重要的農業政策，第一項是土地改革。

原本國民黨還在中國的時候，就有零星計畫要實施土地改革，例如在四川進行實驗，但還未來得及普遍實施，就因為農村民心不穩，被共產黨以「鄉村包圍城市」的戰略擊潰。所以國民黨來臺之後，為了避免重蹈覆轍，加上考量到當時臺灣地主與佃農的關係日益緊張，所以省政府及農復會決定要優先推動農村土地改革的政策。

農復會組織底下有一個「土地組」，專門進行土地改革的事務，組長是湯惠蓀；另外農復會邀請原本在日本盟軍總部進行農村改革，出身於烏克蘭的專家雷正琪（Wolf Ladejinsky）來臺擔任顧問；而土地改革的人事行政經費，例如相關工作人員的薪資、差旅費及雜支等，都由農復會來支應。

根據技正陳人龍回憶：「農復會補助土地改革的經費，有綜合的統計，幾乎每個計畫的支援預算均達幾十萬，在四十年前的幣值來說是一筆相當大的數目。這種情形是其他計畫很少有的。這樣龐大的預算項目是支援各縣市、鄉鎮及村里，各項設計、執行、訓練、督導、視察所雇用的人員。這些人員最多時總數達三萬三千人。」可見農復會在土地改革上面，扮演了非常重要的角色。

不過農復會的定位，比較類似上級指導機關，所以來自美國方面的建議，臺灣政府並不一定會全數採納。例如雷正琪曾經向總統府直接建議：台糖的土地是繼承所有製糖會社而來，共有土地十一萬七千七百二十一公頃，約佔臺灣總耕地的八分之一左右，那麼台糖何不率先將土地釋出給農民耕種？不過政府再三審酌之後，認為台糖公司的原料供應穩定至關重要，因此只放領了四十％左右的台糖農地，雷正琪的建議並沒有被完整採納。又例如五〇年代肥料換穀政策，美國安全分署及農復會美國委員並不贊成此政策，但最終仍然無法改變政策走向，一直要到一九七二年李登輝就任政務委員後，才出現改革契機。

農復會另有一項非常重要的貢獻，就是推動了農會改革。美國人希望將日本時代留下來的農會，改造成由農民自主運作的民間團體。例如在一九五〇年，由農復會邀請的美國康乃爾大學教授安德森（William A. Anderson）來臺考察，就提出一系列的改革芻議。

原本農會應是屬於農民的民間團體，但在日本時代，卻是以準官方的角色在運作。所以安德森建議讓農會公共化，提出諸如重新劃定會員資格及選舉辦法、農會不得涉入政治活動、重視農事小組、農業指導員等推廣輔導工作等建議，做成了《臺灣之農會》的考察報告，進而推動了一九五二年《改進臺灣省各級農會暫行辦法》的訂定，促成了戰後的農會改革。

農復會在農業政策與技術改革上居功厥偉，但李登輝特別注意到了文化建設方面的不足，他在一九九〇年的訪談中提到：

> 農復會在技術層面可以說非常成功，但在社會層面上、文化層面上並不完全成功。農復會的限制之一就是沒有作文化政治經濟的研究，如果要對歷史有所交代，當然不能不談農復會的限制。
>
> 關於農村文化的問題，我們可以說，文化生活是人生很重要的一部分，所以我是一向非常重視文化思想問題，以及民眾生活中的美學成分。今天的農村經濟很好，但是文化生活水準卻很低，而且日漸金錢化、商業化，這是一件非常值得注意的問題。

隨著國際情勢變化，一九六五年美國停止對臺長達十五年的援助計畫，美援改為以無息貸款方式來進行。農復會則由「中美經濟社會發展基金」繼續支持，逐漸轉變成農業主管機關，美國方面不再主導農復會事務。

而在一九七八年九月八日，「中美斷交」前夕，美方宣布階段任務達成，半年後撤回農復會兩名美國委員，解散農復會。之後農復會改組為「行政院農業發展委員會」，一九八四年與經濟部農業局合併為「行政院農業委員會」。

康乃爾大學農經博士

距離上次去美國進修已經過了十二年，李登輝終於在四十二歲的時候，再次獲得了攻讀博士學位的機會。他向農復會申請留職停薪，前往紐約州的康乃爾大學農經系博士班就讀，同時拿到了洛克菲勒農業經濟協會與系上的獎學金，並找了梅勒博士

（Dr. John Williams Mellor）當指導教授。

雖然當時出國的時間有點晚，年紀甚至還比指導教授梅勒還大了五歲，但李登輝既勤奮又博學。當時跟李登輝一起在康乃爾唸書的黃大洲說，人到中年才去美國名校唸書，當然一點也不輕鬆，「我自己當過講師，快三十歲才再次當學生，要記筆記、寫小論文，還要考試，我都有點受不了！」李登輝四十二歲才唸博士，還是每天精神抖擻。「他長得高高大大的，擠在小小的課桌認真聽講，記筆記，交報告，不能不佩服他的毅力。」

博士班的同學陳河田

▲黃大洲與李登輝一起在美國康乃爾大學求學，兩人合影於康大校園湖畔。
（圖片提供／黃大洲）

也提到：「李先生非常用功，幾乎沒有其他的活動，不是圖書館就是研究室，打高爾夫球是唯一的消遣。」

> 系上的教授席斯勒（Daniel G. Sisler）如此評價李登輝：「他非常用功，經常在課堂上問我各種功課上的疑問，並確定所完成的作業有沒有問題，他對每一件事情都要追問清楚，並急於了解，他是我所教過最用功的學生。」

李登輝的表現，更是給指導教授梅勒留下非常深刻的印象，李登輝當時對於經濟理論的瞭解，其實並不輸給美國的教授。例如梅勒曾經告訴李登輝，最近俄羅斯（蘇聯）經濟學家恰雅諾夫[34]的著作《農民經濟組織》（Peasant Farm organization）英譯本出版，要他去讀一下。但李登輝其實早在學生時代，就讀過日本學者磯邊秀俊與杉野忠夫於一九二七年翻譯的恰雅諾夫《小農經濟の原理》，對於恰雅諾夫所談的「小農經濟」（家庭式農場）理論知之甚詳。

恰雅諾夫長期研究俄羅斯小農的經濟模式，觀察到小農與資本主義農場不僅是規模上的差異，其經營心態也有很大的不同。例如說小農會透過「自我剝削」來提昇家庭的整體勞動力，其經營效率甚至超過大規模的企業農場。套用在臺灣農村的情境，就是農家所有的家庭成員，都是不需要計算薪資的潛在勞動力，而當家庭經濟不佳的時候，內部就會進行自我剝削，以壓低生產成本，形成一種理性的「小農經濟」。

這一套理論雖然是俄羅斯的經驗，但也非常符合臺灣農村的情境，無論是從日本時代的米糖經濟，或是到戰後臺灣農業的復甦，李登輝都透過小農經濟的理論，看見了臺灣農民極大的勞動彈性以及適應性，例如土地改革之後，臺灣農家集體自發延長工作時間，讓整體農業生產力大幅上升，造就了五〇年代「田園之樂」的農業黃金時期。

34 恰雅諾夫（Alexander V. Chayanov，一八八八—一九三九），生於莫斯科，就讀於莫斯科農業學院，原本的工作是幫政府部門進行土地調查。後來加入共產黨，參與俄羅斯十月革命。蘇聯成立後擔任農業部門的幹部。著名作品為《非資本主義經濟制度理論》與《農民經濟的組織》等書。他對俄羅斯小農家庭的觀察與研究，影響左翼的農業經濟學與人類學領域甚遠。

因此我們看到李登輝的論文裡，雖然大多都是艱澀枯燥的統計公式與理論，但背後其實都藏有濃厚的人文關懷。他在大學教書的時候，經常提到舒茲（T.W. Schultz）、速水佑次郎及魯坦（Vernon W.Ruttan）[35]等發展經濟理論，就是最好的例子——李登輝所思考的農業發展，並不是單純成本與效益的數學計算，而是考量到臺灣農民的文化特性，所研究出來最適合的生產模式。李登輝說過：

> 一九六〇到七〇的時代，一些人去美國專門攻讀計量經濟學。我一直跟他們說不要去唸計量經濟學，因為這門學科很沒有自己的想法，學生只有在算數學，算一算，這樣就拿到博士學位，不夠的啦！……對整個經濟的變化抓不到方向、趨勢。只有工具而已。
>
> 未來的總統要瞭解經濟，要讀社會學，瞭解information的現象。如果要深入研究的話，什麼項目都要涉獵，連宗教問題也要去瞭解才可以，不是只有學習工具就行。

所以日後李登輝在政策推動上，思考都是從整體社會與文化角度出發，不是只有考量到效益的部份。雖然他強調要改善農家的經營效率，但他從未主張讓大型企業資本取代家庭農場，他的農本主義不僅是以農業為本位，更是以家庭式農業為本位。如此一以貫之的思想，也反映在日後他於省主席任內提出的「八萬農業大軍」的政策上面。

李登輝在到康乃爾大學之前，其實已經整理好非常豐富的資料，他歷經農林廳、合作金庫與農復會等工作，又長年在大學授課，對臺灣現代農業的發展歷程可以說瞭若指掌。而他在農復會這十餘年時間，也整理了臺灣自日本統治以來，六十餘年鉅細靡遺的經濟數據，他一到康乃爾，博士論文就已經有了雛型，概念都在他腦中，只需要寫出來就好。因此李登輝只花了兩年半就拿到了博士學位，論文口試也是輕鬆過關，口試委員都在跟他聊天。而論文寫完之後，也獲得教授們的一致好評。

35 速水佑次郎及魯坦（Vernon W.Ruttan）皆為農業經濟學者，兩人於一九七一年合著《農業發展：國際視角》（Agricultural Development: An International Perspective）一書，為農業發展經濟學領域的扛鼎之作。

李登輝的博士論文名「臺灣經濟發展中部門之間資本的流通：一八九五—一九六〇」（Intersectoral Capital Flows in the Economic Development in Taiwan: 1895–1960），於一九六八年通過口試。這本論文不僅是他這十幾年來工作與研究的集大成，更可說是戰後臺灣農業經濟研究的里程碑。

這本論文之所以重要，簡單來說就是李登輝用計量經濟的方法，去推算臺灣的農業部門如何促成國家整體經濟的發展，也驗證了臺灣農業部門與工業部門之間資本流通的情形。學者蔡宏進說明：

（李登輝研究指出）在低度發展的國家，多數人民務農，資本增加最可能得自農業部門，但要促進工業發展，提升國家經濟水準，農業資本究竟能貢獻多少，如何流通，則有爭論，方法錯綜複雜，各國的作法規定各有不同，要建立一致性的理論頗有困難。但李總統有強烈企圖心要建立這種理論，當為發展中國家釐訂經濟發展計畫的引導。基本上他看出由農業資本支援工業很普遍，也很重要，於是栽進研究長時間臺灣農工資本的流通。

李登輝的博士論文幾乎整本都是艱澀的理論與算式，一般人很難閱讀。他的學生、前農委會主秘廖安定說明，李登輝的博士論文，反映六〇年代末期臺灣農村遇到的發展困境，國民政府在歷經五〇年代的土地改革之後，希望「以農業培養工業，以工業發展農業」，但實行的結果，卻是壓抑糧價，形同「榨取」農業資源扶植工業。到了一九六五年，臺灣的工業生產總值已超越農業。「農業這隻母雞已經被榨光了。」廖安定直指核心，李登輝博士論文最重要的命題，就是「臺灣農工部門發展為何嚴重失衡？」

李登輝論文研究的時間尺度，跨足了日本治臺後到當代，超過六十年的時間，其中他最想要回應的，就是當時六〇年代臺灣農業政策的結構性問

▶李登輝在康乃爾大學的畢業論文，獲得美國農業經濟學會全美傑出論文獎。（攝影／謝佩穎，攝自臺大農經系館藏）

題——戰後臺灣農業雖然技術與生產力大幅提昇，但農民的收入比起其他非農民的收入，少了大約三十％至四十％左右。這個現象到了六〇年代，農業與工業之間的不平等越來越大，農民因為各種苛捐雜稅的關係，收入始終偏低，而此時工人的薪資逐步成長，於是大量的農民離開農村，來到加工出口區工作，結果又造成了農村勞動力不足，務農成本提高的惡性循環。

李登輝這篇厚達四百頁、具有開創性的博士論文，引起了美國學界的注意，一九六九年獲頒美國農學會全美傑出論文獎，並在一九七一年由康乃爾大學出版社出版。一時之間，農經博士李登輝的名聲享譽國際。

畢業之後，李登輝拿到了世界銀行及聯合國亞洲暨遠東經濟委員會（ECAFE）的工作機會，原本他想在海外工作，但時任農復會主委沈宗瀚跑到康乃爾，極力希望李登輝回臺灣工作，後來他索性放棄了海外的工作機會，答應回農復會任職。

值得一提的是，李登輝在美國求學期間（一九六五—一九六八年），住在紐約州的綺色佳（Ithaca），在那裡認識了許多臺灣籍留學生，包括同在康乃爾就讀社會學博士班的黃文雄，以及建築師鄭自財等人。李登輝還會邀請他們到家中作客，準備許多美味的菜餚給臺灣留學生們吃，除了家鄉菜之外，李登輝也很喜歡準備牛排給大家吃，因此他在留學生社群當中，獲得了「牛排李」的有趣綽號。

黃大洲也透露，當時康乃爾有好幾個臺灣的學生，大家偶爾會在星期六晚上，相約到城裡喝咖啡、喝啤酒，李登輝年紀最長，所以都是他出錢，三不五時就會有人起鬨，「李老大，什麼時候請我們喝啤酒？」黃大洲笑說，留學生在國外百無禁忌，有些同學對著李登輝喊「老大」，但他當然還是稱呼「李老師」。

在留學生的餐會上，或許多少會聊到各人的政治理想，李登輝雖然瞭解臺灣人對民主及自決的理想，不過他因為專心於課業之故，沒有實際參與海外的政治運動。但與進步的留學生們過從甚密，不免也被臺灣當局懷疑過政治傾向，例如李登輝在一九六九年被警總帶去約談的時候，就有被盤問到他跟黃文雄的關係。

而戲劇性的發展是，一九七〇年的四月二十四日，黃文雄與鄭自財趁著蔣經國（時任行政院副院長）訪問美國期間，持槍刺殺蔣經國。不過這場刺殺行動沒有成功，黃文雄與鄭自財立即遭到警方逮捕，後來兩人棄保潛逃到歐洲。此事雖然沒有牽連到李登輝，但也意外地讓蔣經國意識到臺灣人對國民黨統治有多不滿，間接促成了蔣經國一系列的本土化措施，包括提拔李登輝等臺籍精英的「吹台青」政策。

海豐村計畫

李登輝在農復會不僅只是在辦公室做研究，也經常四處奔走，進行訪查。前農委會主秘廖安定說：「那時候的農復會技正都是獨當一面的，手上有一些經費，可以到農村去，看情況給予補助，所以在農村很受歡迎，非常拉風。」李登輝跟同事們經常搭乘公務車，從臺北直奔各地，例如台西、麥寮及崙背等「風頭水尾」，比較窮苦的地區進行訪查。

「海豐村計畫」原名為「農漁牧綜合經營計畫」（抗貧農業計畫），是李登輝在農復會擔任農經組組長的時期，最著名的成就之一。海豐村位於雲林縣麥寮鄉，新虎尾溪的出海口，臺西鄉的北邊，以前這裡曾經有一座「海豐港」，曾是中部濱海的「正港」（官方認定的通商口岸），繁盛一時，但清朝中葉後，水患頻仍，海豐港逐漸淤積，因此榮景不再，僅能以務農維生。日本時代以前，農民會種植比較適應當地氣候的小麥，所以這個地方才被叫做「麥仔寮」，就是麥寮的由來。不過到了戰後，因為美援提供大量小麥，本土小麥需求銳減，居民不再種植麥作。

▲李登輝在雲林執行「農漁牧綜合經營專業區」計畫時，經常下榻麥寮群成旅社，與老闆林標一家互動密切。一九九六年，李登輝參選臺灣第一屆民選總統時，還特地造訪原址，探視林家人。（圖片提供／王素麗）

海豐村本身地形屬於海埔新生地，缺乏水利設施，夏天有颱風，冬天又有刺骨刮人的東北季風，加上土壤鹽分高，所以十月之後變得非常不容易種植作物，農業發展十分受限，很難種植水稻，連甘蔗產量都不好，僅能以花生及蕃薯等矮莖耐旱作物為主要作物。禍不單行的是，一九六九年九月二十五日，颱風「艾爾西」從中部橫貫臺灣，強風豪雨導致雲林沿海地區發生海水倒灌，多數農田被海水淹過後，無法再種植作物。當時臺灣省政府要試辦抗貧計畫，要挑選「最貧窮的地區」，最後就決定選在海豐村這個地方。

前麥寮鄉農會理事長許丕修回憶，那個時候農復會的職員包了兩台車從臺北來考察。當時因為村莊開始養豬，到處都是蒼蠅，而沒穿褲子的小孩子到處跑，身邊都圍繞數十隻蒼蠅，農復會職員們，看了感到非常驚訝。到了用餐時間，農會請大家到餐廳用餐，但餐廳也是滿桌的蒼蠅，職員們就不太敢動筷子。後來有一名承辦人員黃技正對大家說：「麥寮的蒼蠅都有用海水消毒的，沒毒啦！」大家才開始用餐。當地貧窮的環境，讓這些職員留下深刻的印象，所以大家回臺北之後，還募集了兩卡車的舊衣服，送到麥寮給居民穿。

李登輝早在農林廳時期，就經常來到雲林麥寮等地，所以對海豐村的困境十分理解。他認為要提高農民收入就是要結合養豬、養魚及農耕等事業，所以執行了「農漁牧綜合經營專業區」計畫。輔導農民開始興建專業豬舍及化肥池，並將豬糞蒐集在化肥池中，發酵成為氮肥，再將氮肥放入吳郭魚魚塭，作為吳郭魚的飼料，而漁塭中的排泄物混和泥土，又可以拿來澆灌農田，提高肥力。為了提高效率，政府協助當地農民進行農地重劃，將畸零土地合併切割，重劃成方正的農地，方便興建道路，利於輸送資材及農產品。

李登輝認為臺灣不應該發展像美國一樣大型的畜牧企業，因為當時一般農家都有養幾頭豬作為微型的副業，如果真的像美國一樣大資本投資下去，那麼所有小農的副業都會垮掉。所以應當培養一些小型的專業戶，例如他設定海豐村大約一戶養殖一百五十頭豬，土地面積大約一公頃左右，應該會是適當的規模。如果沒有地的人可以共同經營，或者由政府補助購地的貸款（一公頃約四萬元左右），並且為了開闢道路，方便運送豬隻及資材，當地還進行了臺灣第一次的農地重劃，讓農地變得方方正正的，像是軍營一樣，帶動了當地畜牧業的發展。甚至有的人在蓋了全新的豬舍之後，發現比自己家裡還舒適，乾脆搬進豬舍去住。

而後李登輝又建議與台糖合作，進行豬隻的品種培育，由台糖引進藍瑞斯（Landrace）、約克夏（Yorkshire）及杜洛克（Duroc）三個品種，進行「LYD」的雜交育種，培育出脂肪較少、生長更快、身體更強壯的品種。並將這些新品種的豬，連同養殖技術（生長天數、飼料配方等）一起推廣到各生產專業區去，如果農民沒有錢，政府還會提供興建豬舍及購買飼料的貸款。

海豐村模式成功之後，成為了農漁牧綜合經營計畫的示範點，繼而推廣到麥寮鄉的三盛、雷厝及後安寮等村莊，幾十年發展之下，麥寮成為了雲林縣養豬的重鎮，今日豬口數高達三十萬頭左右，占了雲林縣的二十一％，全國的五．六％（二〇一七年數據）。而這個海豐村計畫，也成為了李登輝推動「加速農村建設重要措施」的政策基礎。

李登輝從年輕時候，就投入大量心力在研究雲林沿海地區的產業發展，也實際走訪地方無數次，因此他在農復會時期，就反對孫運璿要開放企業購買雲林農地的計畫。在省主席時期，還幫雲林蓋了第一個農業冷藏倉庫。後來雲林沿海地區因為產業的改革，農民生計逐漸有所改善，生活不再如此艱困了，而李登輝也對雲林多了一份非常濃厚的情感，他曾經說到：

雲林以前是臺灣最困苦、最落後、最可憐的地方，做了計畫以後情況就好起來了，他們說，不用幾十年，雲林會變成一個重要的地區，我說雲林是我的第二故鄉，也就是這個原因。

2 政壇明日之星

李登輝拿到博士學位後，偕同曾文惠一起返臺，並順便繞道歐洲與印度旅行。李登輝對印度農業特別感到興趣，因為他在梅勒教授門下，就是協助進行印度農業的研究，而同樣是開發中國家，印度的農民卻有著和臺灣很不一樣的耕種思維，似乎帶有傳統的宗教哲學觀。

回到臺灣後，一路拔擢他的謝森中已經離開農復會，李登輝心想以他的學經歷，應該可以勝任農經組組長的位置，卻沒有獲得長官青睞，只好繼續做技正的工作，讓他一度有些挫折，甚至懷疑是否是因為省籍問題、或者是個人政治背景導致無法升遷。一直到一九七一年，擔任政務委員的前一年，他才順利升任組長。

在工作之餘，李登輝仍舊胸懷大志，他開始對外寫作發聲，希望可以成為一個公共知識人，透過個人的才學，為臺灣農業做出更多更大的貢獻。

一九六九年一月，李登輝參與《大學雜誌》[36]「泛談臺灣當前農村經濟問題」的座談，在臺北耕莘文教院與其他農經學者對談，就臺灣農業的現況進行了非常詳盡的討論。

李登輝認為，在一九六六年左右，農業與工業產值發展出現交叉現象，農業開始衰退，原因是當時農民勞動力雖然非常密集，但是在收入上遭到剝削，原因包括土地過於零細、加上肥料換穀與各種苛捐雜稅等等，農村的情況變得很衰敗。而反應出來最直接的現象，就是農工不平衡的問題。

根據他的研究，農民跟非農民的收入相差三十%到四十%，這是很高的差距，他認為農民與非農民的收入應該差距在十五%左右，才算相對平衡。

36《大學雜誌》創刊於一九六八年，創刊者為張俊宏與張育宏。後來擴大營運，變成了當時重要的言論雜誌，社長陳少廷，總編輯為楊國樞。這本雜誌是當時自由派的思想基地，也是極為重要的言論平台，影響了一九七〇年代初期的保釣運動，也埋下了七〇年代後期的民主運動的種子。

他進一步在《大學雜誌》二十四期（一九六九年十二月）上撰寫〈臺灣農業發展的基本問題與政策〉一文，文章中詳細說明了農工收入不平等的現況，並提出政府應該增加對農業的投資、以及支持農產品的價格等建言。並投書二十八期（一九七〇年四月）〈如何推行現階段農業改革〉一文，直接點出肥料換穀等政策是「落後的農業制度」，文中也提出了具體的改革政策，包含：推動農業機械化、廢除肥料換穀、採取穩定稻米價格的「平準實物」制度、改進農業金融機構、促進專業化經營，以及協助發展乳牛與肉牛產業等等。在這些文章裡面，都可以看到日後李登輝政策的雛型。

當時李登輝也協同王友釗、毛育剛、李慶餘、陳超塵及余玉賢等五名學者，聯合寫了一系列的農業經濟研究報告，在報告裡面，李登輝再次提出廢除肥料換穀的建議。後來他們受邀到國民黨的四中全會上報告，提出相關的農業改革方案。這群直率敢言的青年學者，當時還被譽為「農經六壯士」。

這一個時期，還發生了一件「台塑購地案」。當時剛擔任經濟部長的孫運璿，來到農復會遊說。原來是台塑想要在雲林縣四湖、口湖等沿海地帶，購買四千多公頃的農地，而且據說不僅台塑要購地，臺泥及新光集團都丟出了購地的意向。所以經濟部希望農復會可以協助修正《實施耕者有其田條例》，將條文中自耕農才能買賣農地的規定改掉，讓一般法人、企業可以購買農地。

李登輝聽到這個消息，心裡想：臺灣農民平均每戶農地大概也才一公頃左右，台塑一次要買四千公頃土地，那就是有四千戶左右的農戶可能失去耕地。假使一個農戶有五到六人，那這次購地案就牽連到兩、三萬人。而萬一條例修正後，企業大舉收購土地，臺灣大概幾年後就有十萬公頃農地被賣掉，到時候可能會影響到將近五十幾萬人的生計。

而且以當時雲林海邊土地的價格，一甲地（〇．九七公頃）市價大約六萬元，農民賣一甲地只能得到四萬元，差價由仲介拿走。這筆錢全家大小生活費可能一兩年就花完了，未來這些農民沒有土地、沒有工作、沒有收入，將要何去何從呢？

絕對不能放寬修法！李登輝強烈反對這個政策，他認為於臺灣的工業發展還沒有很成熟，如果開放收購農地，這些農民失去土地之後，是無法被工業部門吸收的。政府應該做的事情，是將資本引進農村、建設農村，對國家整體經濟才有幫助。

李登輝不僅個人反對，還聯繫「農經六壯士」一起抗議。後來孫運璿找他溝通，李登輝回他說：「對不起，絕對反對到底，因為耕者有其田這個政策的意旨是保護農民，該條例修改的話對農民不利。」

幸好農復會主委沈宗瀚非常支持李登輝的想法，經過多次開會討論後，高層的態度鬆動，終於擋下了這次的修法。

後來李登輝於九〇年代在林口高爾夫球場打球的時候，有一名女桿弟跟他聊天。說她來自雲林，她跟家鄉父老都非常感謝李登輝在農復會的仗義執言，因為後來政府推動加速農村建設重要措施（九大措施）之後，原本風頭水尾的偏僻農地，價格也開始水漲船高，十幾二十年來一甲地從六萬元變成了三百萬左右。鄉親都很慶幸當時土地沒有被收購，不然早就變成「無產階級」，生活過不下去了。這件事情讓李登輝印象很深刻，後來他認定雲林為「第二故鄉」，就是諸多事件串起來的緣份。

李登輝回臺灣後的言行，在戒嚴時期，其實算是非常大膽的，這也讓李登輝初綻光芒，開始受到各界矚目，甚至蔣經國也開始留意到了這名年輕有為的學者，考慮要讓他擔任更重要的職務。

就任政務委員

蔣經國在一九六九年擔任行政院副院長，當時蔣介石身體越來越差，蔣經國已經算是公認的接班人，所以他也在物色未來的政治團隊。而一九七〇年蔣經國訪美期間，遭到黃文雄及鄭自財刺殺未遂，驚魂未定的他開始思考：要如何穩定臺灣人民的民心？再加上一九七一年中華民國（臺灣）退出聯合國，這些大事促使蔣經國決心推動本土化政策，以俗稱「吹台青」的政策（以當時一名當紅女明星崔苔菁的名字作為諧音）來拔擢青年臺灣籍的專業人才，由時任救國團主任李煥來負責推動。

在蔣經國擔任閣揆之前，本省籍的內閣成員的比例都不超過十分之一，但蔣經國刻意提拔臺灣籍青年才俊，例如讓林洋港、張豐緒、翁岳生、施啟揚、許水德、邱創煥及趙守博等人開始進入中央單位歷練，更年輕一點的連戰與吳敦義等人也踏入政壇。而從農復會組長躍升為行政院政務委員的李登輝，更是吹台青政策的最佳典範。

不過，公門的飯碗並不好捧，情治機構對於李登輝的人事案特別小心謹慎，在他入閣之前，還曾經歷了一場生死交關的審訊。

一九六九年的某天清晨，幾名頭帶白色帽盔的憲兵到李登輝家敲門，看到憲兵上門，李登輝心裡已經有數，強作鎮定地簽了一張美金支票給太太曾文惠，說：「如果沒有錢，可以拿這些去用」。就跟著憲兵走了。

李登輝被帶走之後，妻子曾文惠整日惶然不安，擔心他一去不返。幸好當天深夜，李登輝就被放了回來；第二天清晨又被帶走，深夜再放回來，如此週而復始，連續七天的連番疲勞審訊之後，警備總部發給了李登輝一張「自新證」，解除了他二十年來的白色恐怖夢魘。

遭到警總約談的事件，可以說是李登輝一生當中非常重要的轉折，警總的官員在訊問的時候，對他說出一句：「也只有蔣經國，才敢用你這種人！」讓李登輝意識到，這次虎口餘生的經驗，或許是蔣經國要任用他之前的「考驗」。

隔年四月十九日，李登輝與經濟學家王作榮[37]一起到日本與韓國考察[38]，研究日韓經濟轉型的政策。在農業方面，李登輝對日本於一九六一年實施農業基本法之後的狀況也特別感興趣。而就在考察行程中，王作榮覺得李登輝有才幹，也很有抱負，他認為李登輝在黨外永遠會被邊緣化，不如進入體制來做事情。李登輝被他說服了，就由王作榮擔任推薦人，加入了國民黨。

37 王作榮（一九一九—二〇一三），出生於湖北。美國范登堡大學經濟學碩士畢業，為知名的總體經濟學家兼政治人物。曾任《中國時報》及《工商時報》主筆、曾任職於行政院美援會，曾擔任臺大、東吳及文化大學經濟學系教授、出任過考選部部長及監察院院長。早年十分欣賞李登輝的學識，推薦李登輝加入國民黨，對李登輝的仕途有知遇之恩。

38 王作榮跟李登輝四月初先在國內進行五天的考察。四月十九日後到南韓考察一週，四月二十六日到五月十日到日本考察兩週。主要是王跟李兩人同行。到日本後，加入麻省理工經濟學博士陳清治。

一九七二年蔣經國就任行政院長，當時蔣介石年事已高，所以等於是讓蔣經國正式掌權，於是蔣經國直接聘請李登輝擔任行政院的政務委員，要他負責執行「加速農村建設重要措施」，大刀闊斧進行農業改革措施。

「加速農村建設重要措施」一般簡稱為「九大措施」。由蔣經國在一九七二年九月二十八日的「臺灣省農業建設座談會」上提出，總體預算高達二十億台幣。這九大措施是：

1 廢除肥料換穀制度
2 取消田賦附徵教育費，以減輕農民負擔
3 放寬農貸條件，便利農村資金融通
4 改革農產運銷制度
5 加強農村公共投資
6 加速推廣綜合技術栽培
7 倡導農業生產專業區
8 加強農業試驗研究所與推廣工作

9
鼓勵農村地區設立工廠

李登輝一口氣射出農業九枝箭，政府也加緊改革腳步，一九七三年九月三日公佈《農業發展條例》。其條文內宗旨明訂為：「為加速農業現代化，促進農業生產，增加農民所得，提高農民生活水準，制定本條例」。等於是宣告了過去「以農養工」，只重視產量、不重視農民生活條件政策的終結。

廢除肥料換穀

「加速農村建設重要措施」裡面最重要的一項，就是廢除肥料換穀的政策。李登輝還在臺大唸書的時候，曾和同學彭明敏提過，他認為肥料換穀實在是一項剝削農民的政策，可見青年時期的李登輝，對於肥料換穀就感到非常不滿。所以李登輝在受蔣經國重用之後，提出了政策改革的方案，終於排除萬難，說服蔣經國推出「加速農村建設重要措施」，讓長達二十二年的肥料換穀政策走入歷史。

在措施裡，除了明訂廢除肥料換穀，農民可以先取得肥料，稻穀收成之後再用現金繳納費用。另外，也同意隨賦徵購以市價徵收，而田賦裡的「教育捐」也將廢除。大幅降低了農民的負擔。

【肥料換穀】

提到肥料換穀政策，就要先介紹一名關鍵人物——糧食局長李連春。李連春生於一九〇四年的臺南後壁菁寮，日本神戶商業職業學校畢業。他在日本時代就曾擔任多項糧政機關的官員，具有豐富的糧政經驗，而李連春的性格也像是日本官僚一樣，十分嚴謹有序，並且公私分明，也因此他的才幹備受肯定。在一九四六年初，當時臺灣糧食政策出現問題，糧價不斷攀升，人民怨聲載道，陳儀於是起聘了有糧政專業背景的李連春，擔任糧食局副局長。

先前提到戰後初期，因為沿用戰爭時期糧食配給的制度，但政府穀物徵集數量不如預期，造成了糧食市場的混亂，臺灣曾經一度出現人為性的糧荒。一九四六年年初，雖然取消了配給制度，但是因為軍隊保留了大量稻穀，導致民間陷入糧荒。八月的時候，原本的糧食局長吳長濤因病請辭，由李連春接任。

李連春上任之後，徹底執行剛通過的「田賦徵實」政策，意思就是以後稻田的土地稅都要用稻穀來繳交，政府不收現金。理論上糧食局透過大量徵集穀物，除了優先供應軍糧之外，還可以在米價上漲的時候，將公糧賣到市場上去，達到平抑米價的目的。不過實際上一直到一九四七年，米價仍然失控飆漲，社會陷入極大的動盪。所以糧食局又增加了「隨賦徵購」與「大戶餘糧收購」等政策。前者的意思是除了徵收稻穀作為土地稅之外，還要強制跟農民徵收一部分的稻穀，而大地主另外還需要繳納更多的餘糧等等。不過政府徵收稻米的公告價格，都比一般市價來得低，造成了農民極大的負擔。而許多地主就把這些稅收轉嫁給佃農，於是各地的地主與佃農之間，發生了非常多激烈的衝突，也因此促使政府開始推動三七五減租等政策，以緩和農村的紛擾。

到了一九四九年，國民黨在內戰當中節節敗退，大約有將近百萬軍民逃亡到臺灣，一時之間臺灣糧食需求大增，糧食局一度向國外採購六萬噸稻米來應急。由於從田賦募集來的穀物不多，為了解決公糧短缺的問題，所以省政府主席陳誠下令，讓糧食局統一管理全臺灣的化學肥料配銷，透過「肥料換穀」來徵集更多的稻穀。

在當時臺灣化學肥料是採取專賣制，政府掌控了化肥原料的進口及運銷，並且強制農民要用二十%到三十%的稻穀收成來交換化學肥料。又因為肥料是政府所壟斷，所以交換價格也是任由政府規定，一九五〇年後，糧食局公定稻米與化肥是一比一交換（一公斤化肥交換一公斤稻穀），不過其實政府從國外進口化肥的成本很低廉，比稻米市價少了四到五成，等於糧食局強制從農民手中賺走了中間的價差。而肥料換穀所徵集的稻米總量，遠超過田賦徵實及隨賦徵購的數量，每年約在二十八萬公噸左右，大約佔總體徵收糧食的六十%左右。

整體而言，糧食局透過眾多的糧食徵收政策，例如田賦徵實、隨賦徵購、肥料換穀、防衛捐及公學糧等等，強制募集到許多稻米，這些稻米與市價差異大概是三十%到四十%左右。糧食局透過這些政策，在原本的稅收之外又跟農民們多收了三成以上的「隱藏穀稅」。也因此李登輝才會認為，李連春的糧食政策基本上就是建立在對農民的剝削之上。

歷年肥料換穀重量比例變化表（以硫酸銨為例）：

調整年份（稻作期數）	一公斤硫酸銨交換稻米重量（公斤）
一九四九	一．二
一九五〇（二期）	一
一九六〇（二期）	〇．九
一九六四（二期）	〇．八八
一九六五（二期）	〇．八六
一九六七（二期）	〇．八五
一九六八（二期）	〇．八三
一九六九（二期）	〇．七九
一九七〇	〇．六八
一九七一	〇．五八
一九七二	〇．五三

李連春除了透過各種方案徵收稻穀，也制定了五年糧食增產計畫，並且在農復會協助之下，臺灣稻米生產恢復穩定，一九五〇年的稻米生產量已經達到了戰前最高的水準（一九三八年的一百四十萬公噸）。使得臺灣糧食不但對內供應無虞，還有剩餘可以出口。李連春透過日本商界的人脈，每年都向日本販賣七到十萬噸的稻米，賺取一千多萬美元的外匯，是當時臺灣出口產值第二高的商品。

糧食局透過這些政策賺了很多錢，因此被政府當成了小金庫，不但各種政策要糧食局支應經費，連在美援結束後，政府想籌措興建曾文水庫的經費（一九六八年），都要糧食局發行「糧食實物債券」來因應。而這些款項，其實最終還是都要農民來負擔。

李連春管理糧政如此成功，獲得了蔣介石的信任，每個禮拜都要親自聽他彙報糧政問題，從一九四六年到一九七〇年為止，李連春總共擔任了二十四年的糧食局長，可見蔣介石對李連春之倚重，這在當時本省籍的官員當中，是絕無僅有的例子。

不過，肥料換穀等政策雖然換來了糧食供應的穩定，但這樣的政策對農民來說，卻是很不公平的。土地改革之後，臺灣一般的小農雖然有了自己的土地，而且也全力投入生產，但生活卻沒辦法得到改善，需要透過打工兼業，或者讓子女到工廠工作，才能確保衣食無虞。我們透過當時的文學作品，可以一窺農民農民生活的狀況。一九七一年，作家吳濁流在《臺灣連翹》裡面是這樣描述：

耕者有其田，表面上自耕農增加了，可是農民的實際收入並未增加。地租、水租都必需用穀子來繳，連肥料也必需用穀子來換。這交換比率是肥料一斤比穀子兩斤半。戰前，只要賣出一斤穀子，便可以買回兩斤半硫安的。換一種說法，肥料的價格比戰前漲了六・二五倍。而總有「應繳田賦實物」、「附徵教育經費」、「隨賦徵購」等全部都必須繳穀，而穀價則是「公定價格」，低廉時以總物價指數為一百，則米價僅及四十二・七，且有朝三暮四的狀況。農人即使成為自耕農，生活也不可能豐裕些。今日農村的窮困，便是二十幾年前這種政策所累積下來的，絕不是忽然惡化的。

另外，《自立晚報》記者吳豐山曾經在一九七一年三月寫下一本《今天的臺灣農村》新聞特刊，紀錄了廢除肥料換穀政策的前夕，臺灣農村凋敝的狀況。他到宜蘭、桃園、彰化及臺南的農村去探訪，得到的共同結論就是：種植稻米的農戶，扣掉成本及苛捐雜稅後，幾乎是沒有利潤的，農民都是仰賴出外兼職，才能維持生活穩定。因此大量的農村子弟，紛紛到城市去找工作，縱使是一般基層的工人，收入也比種植稻作來得穩定。這與李登輝觀察到的現象並無二致：臺灣「以農養工」的政策已經到了極限，農家已經快支撐不下去，廢除肥料換穀勢在必行，不得不行。

改革農產運銷制度

李登輝擘畫的「加速農村建設重要措施」，還有許多重要的貢獻，在當時都算是非常先進的政策，而且影響力一直持續到今天。其中一項「改革農產運銷制度」尤其重要。

臺灣現代化的農產品交易制度是在日本時代建立，當時在臺北市設有「中央卸賣市場」（卸賣就是批發跟拍賣，市場位於今日的萬華西寧國宅現址），負責處理每日的蔬果及水產交易。到了戰後，市場由「臺北市立蔬菜批發市場」經營，但既有的拍賣制度沒有延續下來，蔬果交易變成了由數百個「行口」所掌握，各自獨立經營，交易過程非常不透明，因此派生了許多農產品交易的亂象，農民經常受到行口及盤商的剝削，產地的價格與消費市場的價格有極大的落差。

「加速農村建設重要措施」提出後，政府陸續提出了產銷制度的改革方案，先在一九七三年提出了「產地共同運銷」政策，並於一九七四年推出〈籌設全臺性農產運銷公司方案〉，成立了「臺灣區果菜運銷股份有限公司」，專門管理全國果菜的產銷問題。新的交易制度參考了日本時代的拍賣流程——產地蔬果送到市場來之後，由專業且中立的「拍賣人」（市場員工）進行叫賣程序，而購買農產的也必須是登記在案的承銷人（中間商），承銷人買到蔬果後，再交由中小型商販來零售。在這套新的交易制度中，也規定大宗蔬果交易只能在場內進行，讓整體拍賣流程得以公開透明地進行。

由於政府積極推行新的產銷制度，一開始成立臺灣區果菜運銷公司的時候，是由臺灣省政府跟臺北市政府共同成立的（臺北市於

▲一九七四年二月，政務委員李登輝與經濟部長孫運璿（右二）、農復會顧問沈宗翰（左二）前往高雄市家畜市場聽取簡報。（圖片來源／中央社）

一九六七年升格為直轄市），雙方分別出資二十二．七六%，一共九千六百萬台幣，其餘由農民團體（農會）及販運商出資。不過原先政府想把新的拍賣制度及公司推廣到全臺灣各地，但後來發現各產地跟消費地之間的交易狀況有很大的差異，統一由一間公司管理太過困難。所以最後就先在臺北市推行，到了一九八四年的時候，乾脆就將臺灣區果菜運銷公司改為「臺北農產運銷股份有限公司」，就是今天的「北農」。

也因為這個緣故，北農成為臺灣目前唯一有中央入股的批發市場，其他市場大多由地方政府出資及管理，例如南臺灣最大的產地交易市場——雲林西螺果菜市場，就是由西螺鎮公所及西螺鎮農會共同管理（公所與農會的股份比利約七比三）。也因為成立北農的歷史因素、政治環境特殊，加上臺北市的消費量極大，所以就成為了全臺灣蔬果拍賣的中心，並影響著全臺灣的蔬果價格。

加強農村公共投資

另外加速農村建設重要措施中，還有「加強農村公共投資」一項，這也是非常重要的政策。過去李登輝在研究當中認為，臺灣農業發展落後於其他產業，也是因為公共投資不足的關係，在五、六〇年代的臺灣農村，非常缺乏基礎建設，有些農村地區不要說大型產業建設，可能連自來水都沒有。

李登輝年輕時做研究經常到雲林走訪，他發現雲林偏遠鄉鎮特別是濱海的麥寮、崙背一帶，實在太缺乏基礎建設，於是積極協助當地推動了許多工程計畫，例如水路、農路改善，以及農地重劃，農家公共衛生工程改善，也推動諸多綜合計畫，如毛豬、養殖漁產以及酪農業。先前提到李登輝在農復會時期曾經執行過海豐村的農牧綜合生產，於是他在政務委員時期，就透過「加強農村公共投資」這一項政策，去強化雲林農村的公共投資。

關於農村基礎建設不足，當時有一個著名的案例。西南部沿海地帶，因為地處風頭水尾，水源非常缺乏，多數居民都是鑿井取水使用（一九七三年的時候，臺灣省自來水的普及率不到四成，雲林縣更僅有三成多）。而從五〇年代開始，就有雲嘉南濱海地區的鄉民罹患「烏腳病」，腿部陸續出現發黑、刺痛及潰爛等現象，患者最終必須面臨截肢的命運。

甚至當時還有在臺南安定鄉發現全村幾乎都罹患烏腳病，被迫遷村的事件。直到六〇年代，臺大醫院教授陳拱北團隊研究發現，當地居民長期引用深井的地下水，烏腳病是因為水中含有過量的砷所導致。於是一九七三年政府啟動烏腳病防治計畫，配合農村公共投資的經費，加上臺灣省自來水公司於該年成立，終於逐步提升農村自來水的普及率（今日雲林縣自來水普及率已有九十四％），根除了長年折磨沿海居民的疾病。

在加速農村建設重要措施中，另有一項李登輝日後經常津津樂道的政策，即是「倡設農業生產專業區」。如同前述，李登輝注意到沿海地區的居民無法單靠種植作物維生，因此他長期研究如何協助農民建立綜合性事業，或者轉向發展畜牧養殖業。

他在一九七二年，就任政務委員前夕，在《豐年》雜誌發表〈毛豬外銷，大有前途！〉及〈農業生產專業化與農業金融〉兩篇文章。李登輝在第一篇文章指出，目前臺灣農家已經可以逐漸脫離副業型養豬的模式，逐漸走向專業型養豬。而日本甫於一九七一年開放毛豬進口，因此臺灣養豬業可以發展以外銷為主的型態；在第二篇文章，李登輝認為農業生產應該走向專業化，因此農民的信用貸款至關重要，應該要加強農會信用部的職能，到了李登輝就任政務委員後，行政院依據農會法授權於一九七五年訂定發布「農會信用業務管理辦法」。改善了農民貸款的環境。將這兩篇文章串連起來，就可以看見李登輝加速農村建設計畫裡的政策雛形。

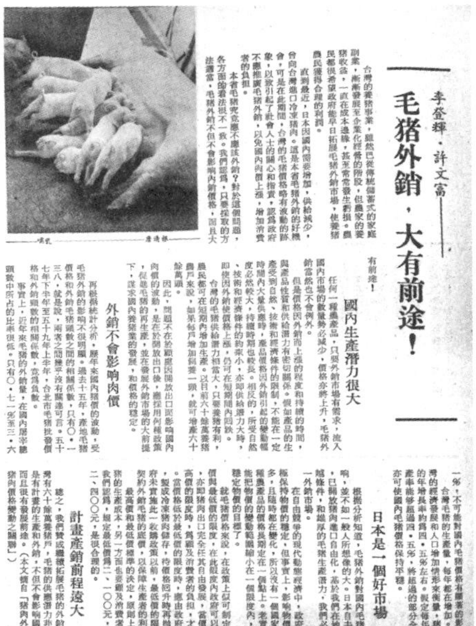

毛猪外銷，大有前途！

李登輝・許文富

台灣的養豬事業，雖然已從傳統儲蓄式的家庭副業，漸漸發展至企業化經營的階段，但農家的養豬收益，一直在成本邊緣，甚至常常發生虧損。農民都很希望政府能早日拓展毛豬外銷市場，使養豬農民獲得合理的利潤。

直到最近，日本因國內需要增加，供給減少，曾向台灣進口冷凍豬肉。這是本省毛豬外銷的好機會，可是在此期間，台灣的毛豬價格略有波動的跡象，以致引起了社會人士的關心和指責，認為政府不應推廣毛豬外銷，以免國內肉價上漲，增加消費者的負擔。

本省毛豬究竟應不應該外銷？對於這個問題，各方面的看法很不一致。我們認為，只要採取的方法適當，毛豬外銷不但不會影響內銷價格，而且大有前途！

國內生產潛力很大

任何一種農產品，只要外銷市場有需求，流入國內市場的數量勢必減少，價格亦將上升，毛豬外銷當然也不會例外。

但是價格因外銷而上漲的程度和持續的時間，與產品性質和供給潛力有密切關係。假如產品的生產受到自然、技術和經濟條件的限制，不能在一定時間內大量供應時，產品價格因外銷引起的變動幅度必然較大，持續時期也較長。相反的，所受自然、技術和經濟條件的約束小，亦即供給潛力大時，即使因外銷使價格上漲，仍可在短期間內回跌。

台灣的毛豬供給潛力相當大，只要養豬有利，農民都可在短期內增加生產。以目前六十餘萬養豬農戶來說，如果每戶增加飼養一頭，就可增產六十餘萬頭。

因此，問題不在於顧慮因開放出口而影響國內肉價的波動，是在於開放出口後，應採用何種政策，促進毛豬的再生產，並在發展外銷市場的大前提下，謀求國內養豬業的發展，和價格的穩定。

外銷不會影響肉價

再根據統計分析，歷年來國內豬價的波動，受毛豬外銷的影響不很明顯。過去十五年，產地毛豬價格和外銷毛豬頭數之間的相關係數，只有〇・一三八，就是說，兩者之間幾乎沒有關係可言。五十七年下半年至五十九年上半年，台北市毛豬批發價格和外銷頭數的相關係數，竟為負數。

事實上，近年來毛豬的外銷量，在國內屠宰總頭數中所占的比率很低，只有〇・七一％至三・六一％，不可能對國內毛豬價格有顯著的影響力。

台灣毛豬的生產量，每年都在增加。就目前台灣的經濟發展和人口增加情形來衡量，豬肉需要量的年增長率約為四・五％左右。假定每年的毛豬增產率能夠超過四・五％，將超過的部分全部外銷，亦可使國內毛豬價格保持平穩。

日本是一個好市場

根據分析知道，毛豬外銷對國內毛豬價格的影響，並不如一般人所想像的大。日本自去年十月起，已開放豬肉進口自由化，基於我們在地理上的優越條件，和雄厚的毛豬生產潛力，我們必須爭取此一外銷市場。

在自由競爭的現代動態經濟中，政府雖然應該積極保持物價的穩定，但事實上，影響物價的因素很多，且隨時都在變化，所以沒有一個國家能把某一種農產品的價格長期定在一個點上。老實說，只要能把物價的變動幅度縮小在一個限度內，也就達成穩定物價的目標了。

就毛豬價格來說，在政策上似可制定一個最高價與最低價的限度，在此限度內政府可以不加干預，亦即豬肉出口完全任其自由發展，當價格超過最高價的限度時，為顧及消費者的負擔，才停止出口。當價格低於最低價的限度時，應由政府收購毛豬，製成冷凍豬肉儲存，待價格回升時再拋售。在政府未實施此一收購政策以前，最低價的限度可作為契約外銷毛豬的底價，以保障生產者的利益。

最高價和最低價標準的決定，原則上應考慮毛豬的生產成本，另一方面也要顧及消費者的負擔。我們認為，規定最低價為二、一〇〇元，最高價為二、四〇〇元，是很合理的。

計畫產銷前程遠大

總之，我們贊成繼續拓展毛豬的外銷市場。台灣有六十餘萬養豬戶，毛豬的供應潛力非常大，要是有計畫的生產和外銷，不但不會影響國內豬價，而且很有發展前途。（本文摘自「豬肉外銷與國內豬肉價格變動之關聯」）

（31）

▲李登輝曾在《豐年》半月刊發表「毛豬外銷，大有前途！」一文，指出臺灣毛豬外銷潛力大，原文刊載於《豐年》第二十二卷第一期（一九七二年一月一日出刊）。

設置糧食平準基金

不過就在政府推動「加速農村建設重要措施」，廢除肥料換穀政策之際，一九七三年因為蘇聯穀物歉收，大量進口糧食，引發全球糧價波動；加上中東戰爭引發的石油危機，石油價格飆升昇相對影響了農業生產（例如化學肥料及運費等），一九七四年全球的糧食價格水漲船高，引發了全球性的糧食危機。

禍不單行的是，臺灣稻米也因為氣候關係，連續五年生產量下降，又因為取消肥料換穀的緣故，一時之間陷入糧食短缺的狀態，一九七四年的食品消費指數年增率從八·二％一下子暴增到四十七·四％，而經濟成長指數卻從十二·八％跌落到一·一％，可見當年石油與糧食危機對臺灣民生經濟造成的巨大影響。

為了穩定糧食價格、確保糧食庫存穩定，李登輝決定在一九七四年推出稻米收購政策，即是政府核撥三十億元作為「糧食平準基金」，以生產成本加二十％利潤的價格，從一九七四年第一期稻作（春夏兩季）開始，「無限量」向農民收購稻米。

由於收購價格相對優惠，而且沒有限制數量，農民聽到消息之後，非常興奮，於是非常努力增產稻米。到了一九七六年，全臺稻米生產總量暴增到二七一萬公噸（目前臺灣稻米年產量約為一百五十萬公噸上下），公糧收購數量一下子超過需求，公糧倉庫消化不來，所以到了一九七六年第一期收購結束後，政府就決定限縮收購數量，改成「餘糧收購」。

餘糧收購就是由各基層農會依照當地的生產狀況，去決定公糧收購的數量。基本上都落在每公頃每期一千五百到三千公斤之間，一般農民一甲地收成大概都可以落在五千到七千公斤左右。

從稻田裡割下來的稻穀叫做「濕穀」，而農會公糧收購都是收「乾穀」，也就是農民必須自己曬乾或拿去進行機器乾燥，公糧的規定是稻穀含水量落在十三％以內（濕穀大概是二十五％到三十％之間），含水量越低的稻穀越好保存，不過相對來說就沒那麼好吃。所以如果是精品米或自用米，大概烘乾到十四％就可以了。

到了一九七七年，政府將餘糧收購改稱為「計畫收購」，每公頃一律收購九百七十公斤乾穀，這個收購數量逐年不斷往上調整，一九八九年再併入原本隨賦徵購的份額，直至二〇二一年第一期的計畫收購，已經來到一公頃兩千公斤了。同年，政府停止徵收第二期的田賦，因為臺灣第二期的稻作容易遇到颱風（七到十月），收成上幾乎都是比第一期來得差。

一九七八年，政府繼續加碼，推出「輔導收購」方案，政府以稍高於市價的價格，向農民收購一定數量的稻米。而到了二〇〇三年，政府又增加餘糧收購，於是形成了「計畫收購、輔導收購、餘糧收購」三種方案並行的公糧制度。

上述三種收購方案彼此之間沒有重疊，也就是農民可以同時繳交三種收購公糧。只是價格不一樣，以二〇二一年第一期為例：計畫收購稉稻二十六元（稉稻即為蓬萊米，一般常吃的米飯）；輔導收購稉稻二十三元；餘糧收購稉稻為二十一．六元。簡單的說，這三種收購方案就是高中低三種價格，最高的計畫收購額度滿了，就賣中價格的輔導收購，剩下的再賣低價的餘糧收購。

上述這些公糧保價收購的政策，農民可以自由選擇，甚至也可以選擇不賣公糧給政府。但是因為政府的收購價格還算平穩，且較市場價格高，所以很多農民還是習慣先把稻穀賣給政府，剩下的部分，看價格再賣給糧商或自用。為了方便讀者理解，整理成表格如下：

年份	政策	實施現況
一九七三	廢除肥料換穀	
一九七四	設立糧食平準基金，無限制收購稻米	
一九七六	稻米生產過剩，改成「餘糧收購」	
一九七七	改為「計畫收購」	二〇二三年第一期稻作計畫收購兩千公斤，稉稻二十六元
一九七八	增加「輔導收購」	二〇二三年第一期稻作輔導收購一千兩百公斤，稉稻二十三元

年份	政策	實施現況
一九八四	實施「稻米生產及稻田轉作六年政策」	
二〇〇三	增加「餘糧收購」	二〇二二年第一期稻作餘糧收購三千公斤，稉稻二十一點六元
二〇一六	實施「稻作直接給付」	
二〇二二	取消稻作直接給付，改為實施「水稻收入保險加強型」	

嚴格來說，一開始李登輝原本是為了解決七〇年代初期，廢除肥料換穀及糧食危機造成的公糧不足問題，所以推動了「糧食平準基金」的保價收購計畫。因為公糧收購影響稻農收益非常巨大，這個政策逐漸從經濟政策變成了一種「補貼型」的社會福利政策，為了維持農村穩定所以推動至今。

而又因為公糧收購只重「量」，不重「質」，所以稻農就會把心力全部放在提高產量上面，品管的部分很容易就被忽略，連帶也會發生過量施用化肥或農藥等問題。而目前臺灣每年的公糧收購大約在四十到五十萬公噸之間，已經遠超過需求數量，所以幾乎都呈現「爆倉」的狀態，而近年來政府支出保價收購的金額，也高達七十億到一百億之多（二〇一六年是七十五億、二〇一七年是九十八點九七億）。所以近年來一直都有廢除公糧收購制度的討論。

當然，農委會也希望逐漸調整保價收購的方式，但因為影響甚鉅，事關多數農民的權益與生計問題，政策不能緊急煞車。以南韓、日本為例，原本他們也都有保價收購的政策，但是在ＷＴＯ談判壓力下，日本於一九九八年取消保價收購政策，南韓則於二〇〇五年取消保價收購，兩國的政策都引發了農民的惶恐不安，也爆發了激烈的社會抗爭與衝突[39]。基於日、韓兩的前車之鑑，假使臺灣要改變保價收購的政策，

39 二〇〇五年ＷＴＯ的香港回合談判期間，約一千五百名韓國農民組織遠赴香港抗議，與香港警察發生強烈衝突，將近一千多人遭到香港警方逮捕。在此之前，韓國農民李京海也於二〇〇三年的ＷＴＯ坎昆部長級會議其間，於場外自殺抗議ＷＴＯ的開放政策。

就必須參考外國的經驗，以對農民及環境更為友善的政策，來逐步取代現有制度。

所以農委會在二〇一六年推出了「稻作直接給付」的試行方案，與原本的公糧保價收購採雙軌並行。直接給付就是由政府直接對地補貼一筆錢（第一期稻一公頃為一三五〇〇元，第二期每公頃一萬元），農民可以自行販售稻米，但不能繳交公糧。等於是鼓勵農民自己尋找市場，種出品質比較好的稻米。如果參加契作的話，政府會再額外給每公頃一千五百元（二〇一九年調為三千元）作為獎金。不過對地直接給付政策，到了二〇二二年會改為「水稻收入保險」，將直接給付的補貼改成「加強型保險」，就是如果不繳交公糧的話，中央政府會幫忙農民負擔五成的保費。由此希望逐年慢慢減少稻農對於公糧的依賴，未來可以朝提升品質的方向去生產。

第三章
學者從政，理想實踐

1982 年，時任臺灣省主席的李登輝前往臺中巡察水污染防治所後，指示加強辦理河川污染防治工作，保護天然水資源，維護農漁牧收益。

圖片來源： 國史館

1　市長室的宏大藍圖

就任臺北市長

一九七八年五月，蔣經國就任中華民國第六屆總統，行政院長由孫運璿接任，隨後宣布由李登輝擔任臺北市長。有別於政務委員，市長須第一線面對市民、市議會，對學者從政的李登輝而言，是全新的工作領域，他為此辭去臺大教授和農復會的兼職，全力以赴投入市政。

李登輝自己形容，市府的工作就像是「進入新的學校、接觸新的科目」，他兢兢

▲李登輝就任臺北市長後，在辦公室批下第一份公文。（圖片來源／聯合報）

業業，一接到派令，就先去書店買了日本岩波書局出版、全套十二本的《現代都市政策》來研讀，了解日本如何進行都市規劃，尤其是在許多方面與臺北市十分接近的大阪；他也積極研究德國、法國的經驗，做為市政規劃的參考。

在推動市政之前，李登輝認為應該先做通盤的調查與規劃，因此他請學生黃大洲擔任臺北市的研考會執行秘書，協助擬訂中長程計畫，計畫制訂之後，再一步步思考如何執行。例如臺北市的木柵動物園、翡翠水庫、成功國宅、信義區副都心、濱江計畫（基隆河截彎取直）、焚化爐及掩埋場，乃至建國花市及大安森林公園等建設，都是在李登輝任內先找到需求、擬訂中長程計畫，並在歷任市長努力下逐步完成的。

指南里模式

李登輝是農業經濟專家，雖然臺北市已經相當程度都會化，農業活動不多，但李登輝在市長任內仍發揮專長，規劃並推動了木柵、士林與北投的農村建設，不僅改善農民居住條件，也成功輔導產業轉型為觀光農業，提升農民收入，成效卓著。一直到今天，木柵貓空依然是臺北市民經常爬山、泡茶，觀賞夜景的地方，李登輝對此頗為滿意，經常在談話中提及「指南里模式」。

農糧署署長胡忠一在因緣際會下，曾參與李登輝初期的市政規劃。當時他就讀臺大農推系，因為功課表現還不錯，導師黃大洲指定他和同學顏建賢（現為景文科技大學人文暨設計學院院長）利用暑假到臺北市政府「打工」，協助研考會製圖。

胡忠一回憶，當時他們在地圖上將

▲一九七九年五月，臺北市長李登輝訪問木柵區茶農，並參觀茶葉烘乾機操作情形。（圖片來源／中央社）

臺北市每個里的界線畫出來，分別去研究該里的區域特色，以及各項公共資源，並交叉對照是否有不均衡的地方，找出臺北市民的「最低生活標準指數」。這些指數可以顯示該地區在現行稅收分配下，市民福祉提升的程度。如果指數與實際的情形落差太大，市府就應該調整資源分配及施政優先順序，來平衡各區民生水準。

胡忠一和顏建賢花了一整個暑假，終於繪製完整個臺北市資源地圖，黃大洲帶著他們去向李登輝報告。李登輝聽完報告，強調一定要讓各里發揮自己的區域特色，像是木柵指南里、北投平等里及大屯里等農業地區，區域廣闊但人口不多，資源及產業分佈很不平均。所以一定設法讓這裡的產業與核心區做結合，農民才會有穩定收益。

當時指南里雖然在臺北市轄內，但是位於城市邊陲的淺山地帶，發展遠遠跟不上市區。指南里滯後的發展，其實這是一件非常可惜的事情，因為這個地區開發非常早，在清朝光緒年間，就有先民到指南里一帶（樟湖山）開闢茶園，當時有福建安溪的張氏家族來本地調查，發現這裡跟原鄉安溪的條件非常相似，濕潤多雨但土壤排水良好，於是他們將安溪的茶種移植過來，後來就形成了有名的「鐵觀音烏龍茶」產區，而烏龍茶適合做陳年老茶，因此「木柵鐵觀音老茶」，又是當中極品。但是這個區域因為後天發展失調的關係，到了戰後，當地只剩下五十幾戶茶農。

李登輝仔細研究指南里的問題，發現這裡很多房子都是一百年以上的「土角厝」，狀態頗為窳陋。再加上這些老房子長期處於家族成員各自繼承的情況，產權都很複雜，依照建築法規，沒有三分之二以上的所有權人同意，這些老房子沒辦法改建。而這樣的環境也導致年輕一代的居民不願留在當地生活，都跑到市區居住，所以造成了惡性循環，年輕人都走了，發展就越來越困頓。所以他認為，住宅被都市法規限制，以及缺乏基礎建設，是當地發展遲緩的主要原因。

於是李登輝制訂了幾項政策：

1 鬆綁建築管制：

讓想改建房屋的農民向農會登記，由農會認定為本地農民後，再「繞過」建管處，直接由臺北市建設局批准興建。同時市府也提供了三十五種西式的建築公版設計圖給居民使用，居民就不用再請建築師，省去許多成本，甚至還可以拿著申請書向臺北銀行申請貸款。當地居民非常高興，踴躍提出申請，最後共計有一千一百多戶農家，透過這個方案重建了房舍。

2構築基礎設施：

振興木柵茶產業，最重要的就是要讓當地交通足夠便利，才能讓居民把茶葉運送出去，也能讓市區居民前來此地觀光。於是市府重新修整產業道路，將礫石路鋪成柏油馬路；並加開區域性的小型巴士，只要居民在路邊攔停，公車都會停下來運載，而且政府也會補助部分車資，搭一次只要十元，非常廉價又便利。在貓空纜車

▲木柵觀光茶園是臺北是最早設置的觀光農園。（圖片來源／《豐年》雜誌，第四十二卷第二期）

建好之前，小型巴士成為了當地最重要的運輸工具。

在水利設施方面，市府在較高處的地勢（指南宮上方）興建攔水壩，把水源引導到這邊來，也協助農民建立茶園內的灑水灌溉系統。

3 產業振興輔導：

茶產業振興的技術問題，李登輝委請茶改場協助進行茶種研發改良。另外也輔導農民進行茶葉銷售，例如李登輝還商請曾文惠幫忙設計茶葉罐，並置入日文跟英文的說明，讓茶農可以做國際行銷；並在當地輔導農民經營茶館，讓上山的民眾可以直接喝到新鮮茶葉，體驗功夫茶，也可以順便爬山、欣賞風景，成為了知名的「貓空觀光茶園區」。

在種種政策推動之下，指南里的「六級產業鏈」成形了，當地不但有第一級的茶葉生產，還有茶葉烘焙及相關產品加工，更有服務及觀光業。於是越來越多的里民開始投入茶產業，指南里增加了一倍的的茶農，來到一百多戶的高峰，目前更是臺北市民假日的休閒勝地。

擘劃觀光農園

臺北市政府還擘劃了士林北投一帶，陽明山周遭的農村建設，例如士林的平等里跟北投的大屯里等地。

平等里是在外雙溪往平菁街走去，會經過的一處台地，古地名叫做「平頂莊」，又叫做「坪頂」，戰後改名叫平等里。這裡開發非常早，清朝道光年間（一八三四年）時候就有「坪頂古圳」等水利設施的修築，於是這裡也形成了特殊的梯田地景。不過與其他郊區一樣，因為都市發展的關係，年輕人口外流，邊緣農村也就此沒落下去。

李登輝認為，要改善他們的生活，第一件事情就是要拓寬產業道路。道路改善之後，農民交通方便了，民生及經濟都能得到改善。多年後他到平等里視察，依然受到當地居民熱烈歡迎，還有人對李登輝說：「多謝你！那時候要是沒有你，就沒法度！」

而大屯里位於大屯火山群的山腰地區，因此土壤富含礦物質及各種微量元素，再加上地勢帶來的日夜溫差，因此培育出知名的「草山柑」，一種酸甜適中，果肉細緻的桶柑。原本還有部分農民會種植稻米，但隨著經濟發展，產值比較低的水稻就逐漸被淘汰。

臺北市政府輔導士林、北投地區農民轉型做觀光農園，讓廣大的市民可以就近到郊區農村去休閒消費拉近城鄉之間的平衡。後來還延伸出「市民農園」的概念：有些市民很想要體驗農業，但都市裡面又沒有空間，於是就到北投、士林及木柵等近郊地區租一小塊農場，一個單位大概幾坪大小，平常日由在地農民幫忙照顧，假日就可以到農場來採收，享受開心農場的樂趣。

後來士林、北投近郊也發展出比較精緻的觀光花卉產業，大量的花卉苗木需要市區內的通路，另一方面，李登輝認為，臺北作為首善之都，市容與西方許多綠意盎然的城市比起來顯得生硬，視覺上不夠舒適。因此他大力推動城市綠美化的工作，恰好結合了郊區的花卉及休閒產業。

▲一九七八年，臺北市長李登輝在陽明公園主持臺北市花卉園藝發展研討會後，與出席人員參觀陽明工作站的花卉園藝。（圖片來源／中央社）

「臺北市的綠美化，是從李登輝開始做起。」一九九〇年接任臺北市長的黃大洲，任內最廣為人知的就是城市綠化政策，他不僅推動「美化臺北，我的家」，還排除萬難興建大安森林公園，但他始終認為，這些政策是落實恩師當年的理想，「真正引導臺北市走向綠美化，李先生是第一人。」

黃大洲被認為是最受李登輝栽培提攜的學生，他早年公職生涯一路追隨李登輝，李登輝當臺北市長時，把黃大洲找來擔任市長機要顧問兼研考會執行秘書；李登輝轉任臺灣省主席，黃大洲也跟著前往省府擔任副秘書長。一九九〇年，李登輝總統任內，黃大洲經臺北市議會同意，成為最後一任官派臺北市長。

黃大洲認為，他與李登輝都是康乃爾大學校友，康乃爾依山傍水、綠意盎然的美麗校園，對他們有「潛移默化」的效果，讓他們特別重視環境綠化。李登輝擔任臺北市長時，曾有園藝界的朋友找他，說歐洲城市綠化做得好，臺北市是首善之都，怎麼連一個像樣的花市都沒有？這個想法獲得李登輝贊同，於是交辦當時在研考會的黃大洲尋覓合適的地點設立花市。

臺北市的花販集散地原本在臺北橋頭及大龍峒保安宮一帶，大部分是以宗教及節慶需求為主，因此是以切花為主。到了一九七六年的時候，政府在重慶南路活動中心裡面，舉辦一個月兩次的假日花市，後來一度計畫遷到南門市場三樓，但因為交動動線問題而放棄。

黃大洲協調交通局、警察局、工務局等單位後，最後決定利用建國南路高架橋下的空間，也就是建國花市現址。「這塊地當時是停車場，要改建花市，還被不少人反對。」等到一九八二年建國高架橋完工之後，花市順利進駐，新的市集因為交通便利且動線舒適，同時保障臺北市的花農有優先設攤的權利，帶動了臺北郊區的花卉產業。

八〇年代初期當時也是臺灣都市化快速發展的時候，而正如李登輝所思考的，都市空間亟需綠美化的植栽，因此原本以切花為主的花卉市場，出現許多精緻盆栽與苗木等需求，而開始轉向以盆花為主的消費方式，因此也讓建國假日花市，多了花園、陽台及室內賞玩盆景集散的作用，雖然日後臺北也陸續興建了文山與內湖等大型花市，但建國花市的休閒功能，依舊無法被取代。

綜觀李登輝在臺北市長任內，雖然只有短短的三年，但他建立了一套中長程市政規劃的方法，奠定了未來臺北市長期的發展走向。而指南里模式，以及市郊花卉產業、休閒農業與市民農業的發展，也成為日後臺灣農村建設的經典案例，李登輝擔任臺灣省主席時，也延續這樣的做法，在苗栗等各縣市推展觀光草莓園、觀光農場，開啟臺灣發展休閒農業的契機。

2 省政府的遠見

就任省主席

一九八一年，蔣經國有意改組行政團隊，行政院長孫運璿事先告知李登輝，要他提早做準備。到了該年十一月的時候，蔣經國正式宣布由李登輝接任臺灣省省主席，原任的林洋港轉任內政部長。

李登輝接任省主席未久，長子李憲文因為罹患鼻咽癌，不幸於一九八二年三月去世，年僅三十二歲，留下遺孀和未滿周歲的孫女李坤儀。李登輝失去愛子，哀慟不已，但他仍藉由信仰與家人支持，強忍傷痛，打起精神回到省府上班。有些省議員同情李登輝的遭遇，提出省議會休會的呼籲，但他以「不能公私不分」為由拒絕了提議。他認為：

我們父子很親近，什麼事情都能談。現在他走了，我覺得很痛苦。但是我只能把痛苦拋到一旁，從大處著眼，試著為人民做更多的事，為大眾服務，也就是說我把對他（李憲文）的愛延伸到更多人身上。

李登輝進入省府之後，銳意改革，特別找來余玉賢[40]擔任農林廳長。余玉賢就讀中興大學農經系碩士，曾經是李登輝的學生，後來和李登輝同時期到美國攻讀博士，兩人在美國偶爾會見面聚會。回臺灣後，余玉賢於一九七九年出任嘉義農專校長，因做事嚴謹而受各方肯定。於是李登輝當上省主席後，就直接提拔余玉賢擔任農林廳長，推動「八萬農業建設大軍」的政策。

40 余玉賢（一九三四—一九九三），新竹人，中興大學農經所碩士，美國普渡大學農學博士，曾任中興大學農經系系主任、農復會技正、農發會企劃組組長、嘉義農專校長、臺灣省政府農林廳廳長、農委會主委。

八萬農業建設大軍

臺灣農業在一九六〇年代末期開始和工商業呈現發展的交叉走勢，縱然一九七二年廢除肥料換穀、實施「加速農村建設重要措施」之後，農村嚴峻的生產環境得到緩解，但臺灣走向工業化已是無法逆轉的趨勢，加上為了因應國際情勢及畜牧產業政策，政府不得不進口大量雜糧穀物[41]，影響農民收入，總總因素之下，農業產值逐年衰退，已成為「夕陽產業」。

李登輝看到這樣的景象，非常憂心，決定提出「八萬農業建設大軍」計畫，試圖為臺灣農業進行最後一搏。一開始，許多人不瞭解八萬農業大軍的意義，政壇甚至流傳一個笑話，有省議員聽到李登輝要組「八萬大軍」，竟然懷疑他是不是要「率領農民造反叛亂」。

其實李登輝提出「八萬農業大軍」的概念，來自《舊約聖經》的〈以西結書三十七章〉（第一節到十四節）。猶太先知以西結寫道：

上帝引領他到一個平原，這片平原遠遠望去，盡是滿地的骸骨。這些骸骨都是猶太人的士兵，戰死之後，無人埋葬，於是屍體在荒涼的平原上腐敗乾枯。上帝知道以西結心底非常沉重，就對他說：「你向這些骸骨發佈預言，要他們聽主耶和華的話，就能讓他們起死回生。」

於是以西結對著骸骨們發佈預言，剎那間，大地震動了起來，所有枯骨逐漸長出了血肉，慢慢地皮膚、頭髮也都再長了出來，士兵們變回原本生前的模樣。可是這些士兵只是復活血肉，卻不會呼吸、也沒有意識與靈魂，如同殭屍一般。上帝又向以西結說：「你再下一個預言給風，讓風的氣息吹在這些人身上。」於是以西結又下了一個預言，讓這些士兵都得到靈魂，重新活了過來。後來以西結就帶著這些士兵，進到以色列，去建立他們自己的國度。

41　一九六七年臺灣進口將近八十萬公噸的雜糧（大麥、小麥、玉米、黃豆、高粱）；到了一九八〇年，進口雜糧已經超過五百萬公噸，成長了六倍之多。

李登輝以這個故事作為隱喻，臺灣的農業，原本像是聖經中戰死的士兵，走到了末路，卻沒有人關心，成為了平原上的骸骨；希望新的政策能夠像是神的預言，讓這些士兵活起來，也就是培養新的核心農家，讓農業復活；最終以西結帶領這些士兵回到以色列，建立一個強大而且充滿希望的國家，李登輝也希望透過農民大軍，重新讓臺灣農業成為一個有希望、有競爭力的產業。

臺灣當時有八十萬公頃左右的可耕地，核心農家若要有穩定、不輸給其他行業的收入，大約需要十公頃土地的經濟規模，因此李登輝訂下全臺灣培養八萬戶核心農家的目標，作為農業發展的軍隊，「八萬農業大軍」蘊含了如此的深意。

李登輝結合宗教信念，以及對於農業的使命，他猶如先知以西結，立下雄心壯志，不但要將骸骨大軍復活，還要率領他們回到應許之地，建立理想家園與國度。

八萬農業大軍的具體措施，根據省政府《八萬農業建設大軍之遴選及組織要點》的辦法，內容有：

1 輔導八萬農業建設大軍相關措施
A 農地重劃。
B 推行共同、委託及合作經營。
C 提供擴大農場經營規模購地貸款。
D 加強推行農業機械化。

2 重建農民信心之相關措施：
A 建立完整產銷體系，提高農民收益。
B 加強農業科技推廣教育，改進農業生產。
C 健全農民組織，促進農業專業企業化。
D 增進農業機關與農民團體之聯繫、協調，提高農業行政效率
E 農業與貿易單位配合，以適度保護農業

3 開創農村新面貌之相關措施：
A 開闢產業道路、農路及改善水利設施。
B 農村公共設施之興建、整修與維護。

C推動農民住宅整建、新建工作。
D加強農村之醫療設施及籌劃農民健康保險。
E加強推行農村家庭計劃。
F辦理四健會教育及康樂活動。

臺灣大學生物產業傳播暨發展系名譽教授劉清榕長期關注農村人才培育議題，十分理解李登輝推動八萬農業大軍政策背後的用心。「李前總統深知臺灣農業經營規模不能與歐美先進國家競爭產量，所以要重視人才組織培訓，並想辦法提升效率。」

劉清榕在一九五六年考上臺大，不僅大學時就修過李登輝的課，畢業

▲臺大生傳系教授劉清榕（左一）與李登輝。1996年臺大農經系設置「李總統登輝系友文物陳列室」，李登輝受邀重返母校。（圖片來源／劉清榕提供）

後還曾在農復會與李登輝共事多年，兩人緣分甚深。李登輝在省府推動八萬大軍政策時，他正好在四健會服務，直接參與農村教育推廣活動，在嘉義、臺南、桃園、宜蘭等農校推動學生寒暑假實習計畫。「八萬農業大軍可說是臺灣青年農民的搖籃，現在許多產銷班的班長，都是當年八萬大軍時期培育出來的。」

農糧署署長胡忠一年輕時在省政府農林廳服務，執行過「八萬農業大軍」的後續政策，他認為，這個政策最重要的核心就在於「培育農業人才」。當時農村人口大量流向都市，多數的優秀青年都不想留在農村務農，在這情形下，農業經營就遇到人才的斷層，發展遇到瓶頸，收入無法提升，又造成了人力外流的惡性循環。

所以當務之急，就是積極培育農民子弟，挽留農村優秀人才，將他們打造成「八萬農業大軍」。這八萬大軍就是農村裡的「核心農家」。核心農家由基層農會，協助從下列條件的農民當中遴選：

1 實際從事農漁業經營，且有發展潛力的專業農民。

2 農水產科院校畢業而有志從農的男女青年。

3 接受農村青年創業貸款輔導的農民。
4 接受政府舉辦的各科業專業訓練、講習達八周以上的農民。
5 各種農漁業研究班班長、共同運銷班、隊長，育苗中心負責人。
6 農事及漁民小組長，水利小組長。
7 直接從事農漁業生產的農、漁會及農業合作社理監事。
8 其他願意接受政府輔導留村務農的十八到二十四歲男女青年。

選出核心農家之後，再協助他們組織小型生產班，由核心農民擔任班長，每班大約八到十二名農民，另設有副班長、會計、書記等職務，並以班為單位，推動現代化與機械化的共同經營模式。如此一來，臺灣農業將會產出大約八萬個由核心農民領導的生產班，每個生產班平均十人，就能提升八十萬個農村家庭的生產技術，帶動正面循環之後，也能讓青年農民更願意留在故鄉打拼。

李登輝也擘劃了一系列實質性的人才培育方案：

1 培養「核心農民」：

首先由臺大、中興、嘉義農專跟屏東農專四所學校負責培育專業人才。臺大與中興負責培育中高級農業指導人員及研究人員；嘉農跟屏農則負責培育基層的指導人員，例如農會的指導員等等。例如嘉義農專開辦二年制的經營管理科，以保送甄試的方式，招收高農畢業的學生，並給予師範公費生的待遇，不但給予獎助學金，學雜費也完全免費，這個政策在當時是一大創舉。

另一方面，全臺灣十四所農業職業學校，共同增設「農場經營班」，裡面的學生比照前述公費生的待遇，每個月提供幾千塊的生活津貼。這些學生畢業之後，返鄉務農，政府也會提供「農村青年創業貸款基金」，貸款額度自一百萬元提高為兩百萬元，貸款利率自年利率九％降為七．五％，幫助他們創業或擴大農場經營規模。另外，也開辦了「國際農村青年訪問研習」，讓農村有志青年可以到農業先進國家進行交流與研習。

2 創設「神農獎」：

如果是一般已經在務農的農民，政府也會每年在各鄉鎮遴選出五到十名比較有想法、有能力的農民，讓他們接受在職訓練，傳授他們管理與技術的方法。並優先提供各種補助或獎勵。而如果有特別出類拔萃的農民，經過鄉鎮市區、縣市政府以及全國三級評選之後，還可獲得「神農獎」殊榮。

一九八三年二月，李登輝在臺中市中山堂主持「農民節大會」，並頒獎給四百多位的模範農民及「十大傑出專業農民」，授予十人「神農獎」的殊榮。之後，政府更增加「十大傑出青年農民」及「十大傑出農家婦女」兩個獎項，通稱為「神農獎」。直至二〇二一年為止，神農獎來到了第三十二屆，已有千餘名優秀農民獲獎。神農獎就如同農業界的金馬獎，不斷鼓舞農民們

▲一九八二年，時任臺灣省主席的李登輝在中興新村接見十大傑出農村青年陳昌蔚等十人。（圖片來源／中央社）

在專業領域上持續耕耘、追求經營與技術上的進步。

3專業培訓：

針對提升農民素質的政策，當然不是只有頒發神農獎而已。政府編了兩億經費，開辦各種教育訓練課程，充實推廣教育的硬體設備，例如視聽設備及住宿設施等等。特別是農林廳的試驗改良場，開設了各種農業職訓課程，每一班為期八個禮拜，只要有願意進修的農民，政府都會盡全力支持。只要上完八個禮拜的培訓課程，取得結業證書，就可以獲得貸款、優先輔導的資格等等。

4家庭組織：

另外針對女性，基層農會也協助組織了「核心農家婦女會」與「家事改進班」，以及青年的「四健會作業組」。另外也委請基層農會開辦「農民醫療門診中心」，所以八萬農業大軍不僅是針對個別農民的政策，也是要在家庭生活及社會福利上，讓全體農家都動起來。

李登輝不僅關注農村的經濟發展，對於社福衛生也很重視。當時臺灣省政府透過《加強基層建設提高農民所得方案——醫療保健計畫》這個政策，鼓勵各地農會以經銷農產的盈餘來廣設醫療院所。若農會願意興辦醫院，政府就會給予稅賦優惠。於是自一九八三年的南投鹿谷農會開始，成立了政策實施後第一間自辦診所，當時鹿谷農會聘請了年輕的楊英哲醫師來看診，掛號費只收七元，藥費約一百二十元左右，以成本價來為農民服務，解決了當地醫療資源短缺的困境。鹿谷農會興辦診所之後，旗山、東勢及豐原等地區的農會，也成立了自辦醫療機構。

李登輝也非常重視農村的文化活動，他在臺北市長任內，就首創藝術季與文化季的先河，擔任省主席後，儘管省府沒有專責的藝文機構，他還是設法邀請各式藝文團體，到各地農漁村去演出。

例如李登輝認為歌仔戲是臺灣民間最受歡迎的戲曲，而歌仔戲演員裡面又屬楊麗花最為有名，因此李登輝兩度邀請了楊麗花劇團，到臺灣各地偏遠鄉村巡迴演出。楊麗花回憶起那段公演的時光：

我們每到一個地方，就是那個地方上的大事，他們（鄉親們）匆匆的吃過晚飯，扶老攜幼，闔家聚集到演出的地點，等待我們上戲。每次觀眾至少都有一兩萬人，我從台上看下去，只看到黑壓壓一片，我感動得都快掉眼淚了。

當時李登輝也開始留意本土文化的推廣，他邀請電視製作人游國謙製播「光復特別節目」《歌謠五十年》，內容介紹〈望春風〉、〈雨夜花〉、〈天黑黑〉、〈望你早歸〉與〈補破網〉等重要臺灣樂曲，並多次與游國謙討論內容，節目內容出版成書之後更親自寫序，可見李登輝對於臺灣本土音樂的重視。

不過可惜的是，李登輝擔任省主席只有短短三年的時間。正當「八萬農業大軍」在基層農村風風火火動了起來的時候，李登輝因當選副總統而離開省政府。接任的省主席邱創煥雖然延續了相關政策，不過主要概念換成了「精緻農業」，相關預算不如以往充裕，「八萬大軍」的培訓也未盡全功。假使再給李登輝數年的時間，這個政策或許會成為臺灣農業發展的轉折點。

稻米生產及稻田轉作六年計畫

李登輝在七〇年代初期擔任政務委員時，曾因應糧食危機推動「糧食平準基金」的稻米保價收購政策，因為公糧收購價格較高，農民繳交公糧的意願很高，沒想到實施一段時間後，開始出現公糧過剩的現象。

而在七〇年代初期，國際情勢也出現戲劇性的變化，先是日本在一九七〇年停止稻米進口，臺灣原本外銷到日本的稻米，只好另尋他路。所以政府在一九七四年成立了「食米外銷小組」，設法將多餘的公糧，銷售到非洲及中東地區等其他國家去。

當時美國政府認為臺灣透過補貼公糧收購價格，大量販賣稻米到其他國家，損害了美國的市場利益，於是美國貿易代表署就向開始臺灣施壓，直到一九八四年，經多年談判協商後，臺美簽訂《中美食米協議》，條約中規範臺灣自一九八四年起算之五年內，不可以外銷超過一三七．五萬公噸的稻米，而且只能賣給ＧＤＰ低於七九五美元的國家，大概是當時泰國及印尼的ＧＤＰ的範圍，所以臺灣的稻米，就沒辦法賣給歐美這些先進國家了。

中美食米協議簽訂之後，對臺灣稻米外銷政策影響甚大。李登輝面對國內龐大的糧食生產過剩壓力，但又不能放棄維繫農村穩定的保價收購制度，所以他主張糧食政策應該從「自給自足」轉為「供需平衡」——直接來說，就是減少稻米產量，鼓勵農民轉作其他作物。

他在一九八四年推動「稻米生產及稻田轉作六年計畫」，鼓勵農民轉作政府指定的經濟作物（雜糧、甘蔗、煙草及園藝作物等），政府也會以優惠價格收購作物。

另外如果是種植綠肥以培養地力的話，一公頃則可以拿到兩萬五千元的補助。一些到了退休年紀的農民，可能因為兒孫不再繼承農務工作，就選擇讓農地休耕來領取補助，變成是退休金的作用。不過要領休耕補助的話，農地也不能放著「拋荒」，每一期都還是要整地、播灑綠肥作物的種子，維持農地地力。

事實上，李登輝的「稻田轉作六年計畫」不只實行了六年，因為國人食米消費量不斷減少，加上稻米生產過剩的現象持續存在，所以又延續了一期，持續到一九九六年。成果是臺灣稻米種植面積從實施初期的六十五萬公頃左右，降到一九九七年約

三十六．四萬公頃左右，減少了四十%面積的稻田；稻米產量從兩百五十萬公噸左右，降到了一六六．三萬公噸，公糧收購的金額也減少了一半。

到一九九七年之後，由於臺灣農業面臨全球化自由貿易的挑戰，於是稻田轉作政策繼續推動。政府訂定「水旱田利用調整計畫」（到了二〇〇一年又有後續計畫），以休耕政策來控制稻作面積。而水旱田利用調整計畫及後續計畫共實施了十三年，直到二〇一〇為止，臺灣的稻田面積從一九七七年全盛的七十二萬公頃，降到二〇一〇年的二十四萬公頃，全年休耕的稻田將近十萬公頃，對臺灣農村的產業結構與人文地貌，影響非常重大[42]。

綜觀李登輝在政務委員時期提出的「糧食平準基金」，跟省主席任內的「稻田轉作六年計畫」的兩項計畫，前者是維持以稻米經濟為主的農村穩定，及保障農民基本收益；後者是減少稻田面積，以因應經濟轉型的變局與衝擊。

兩者看起來好像有矛盾的部分，但就李登輝務實的性格來看，其實非常合理，他不希望農民生活受到影響，但又必須顧慮到國家整體的財政及經濟發展，於是在兩相權衡下，制訂了這樣的雙軌政策。

另外值得一提的是，李登輝也提出了「米食分級銷售」等政策，長遠改變了臺灣稻米的消費習慣。過去臺灣人都是到五穀雜糧行買米，商店內擺滿了大袋裝的白米（一袋大約是三十至六十公斤），消費者必須自備容器，透過「稱斤論斗」的方式來進行交易。不過李登輝認為臺灣人的消費習慣在改變，過去大家吃飯都只是為了填飽肚子，對於米飯的品質並沒有那麼在意，但現在稻作面臨轉型的關鍵期，應該也要與時俱進，逐漸發展提升稻米品質的產銷方式，也要讓消費者可以依照需求購買不同品質的稻米。

42　二〇一〇年之後，政府意識到稻田休耕面積逐漸擴大，不利於長遠農業發展。於是二〇一一年推動「稻田多元利用計畫」及二〇一三年「調整耕作制度活化農地計畫」，一方面限制稻田每年只能休耕一期，另一方面獎勵地主出租農地給其他農民。到了二〇一六年，農委會提出「綠色對地環境給付政策」（直接給付），改革稻作產銷結構。

▲臺灣省糧食局為全面推廣小包裝白米銷售，補助臺北市等七處消費都市設置小包裝白米銷售推廣中心。圖為 1984 年，臺灣省糧食局局長黃鏡峰（左二）到台北市松江路推廣中心視察。（圖片來源／中央社）

臺灣省政府於一九八〇年，開始推廣小包裝白米，而李登輝就任省主席後，繼而推動「小包裝白米分級銷售輔導要點」，輔導糧商及農會生產十公斤以下的小包裝白米，並且增加稻米分級制度，分成黃（特級）、綠（一級）、藍（標準）三種標章。

這個制度到一九八九年，演變成「CAS 良質米」的標章。直到今天，臺灣稻米不僅有了完善的分級制度，還透過有機認證與產地認證等機制，讓國人的食米習慣從過去「吃飽就好」，進入到「吃巧」及「吃健康」的階段，部分消費者甚至已經出現米食消費的「品牌信任感」，例如臺東池上進行產地認證標章後，池上米成了精品白米的代名詞；而許多新興的青年農民，也紛紛打造自己的稻米品牌，獲得消費者的認同。可見小包裝制度經歷四十年的發展，逐漸強化了臺灣稻米的競爭力，也塑造了新的食米文化與認同。

酪農產業的發展

李登輝於農復會時期經常訪視關心的雲林崙背鄉，在政府與當地農民的共同努力下，從原本風頭水尾的貧困農村，如今成為了臺灣四大酪農專業區之一，二〇二一年崙背約有五十八間畜牧場、一萬兩千五百多頭乳牛，目前為臺灣養殖乳牛第三多的鄉鎮（第一名為彰化福興的一萬五千隻，次一位為萬丹的一萬四千多隻乳牛）。今日我們在臺灣看到的酪農產業，大都是在一九七二年的加速農村建設重要措施下逐漸發展起來的。

李登輝對農業領域的興趣非常廣泛，對於畜牧業的研究，也是著力頗深。他回憶在美國唸書的時候，也研究過美國酪農業的發展：當時美國人也比較喜歡在夏天的時候喝牛奶，冬天的消費量較少。所以美國酪農就組成合作社，夏天的時候價格比較好，合作社賺得錢比較多，就用這些錢去補貼冬季的虧損，設法達到平衡。可惜的是，臺灣酪農產業還在萌芽階段，尚未形成美國酪農產業的規模，所以很難將美國經驗複製到臺灣來。

李登輝回國之後，也持續關注乳牛與肉牛產業。一九八一年他剛當上省主席，臺灣發生了鮮奶滯銷的現象，於是他開始協助推廣臺灣鮮奶。首先他輔導農民進行鮮乳加工，將鮮奶製成冰淇淋或保久乳；並且配合學童營養午餐，銷售鮮奶，培養臺灣學生喝鮮奶的習慣。接著請託國防部，用鮮奶取代軍中伙食常見的豆漿。由於軍隊跟黃豆的進口盤商有固定合作模式且行之有年，所以不太願意更改菜單，李登輝只好商請王昇出面，最終才解決了軍隊飲用鮮奶的問題。

不過在肉牛產業方面，臺灣的牛肉很難跟美澳等國物美價廉的冷凍牛肉競爭，所以政府在一九八一年推出「養牛政策與措施方案」，確定了「乳牛為主，肉牛為輔」的發展方向。繼而在一九八六年核定實施「五年養牛事業發展方案」，開放進口肉用種公母牛之後，臺灣專業的肉牛養殖幾乎失去競爭力，純種肉牛無法繼續發展。臺灣目前除了類似臺南牛肉湯那樣的小吃之外，幾乎很難吃到本土養殖的肉牛。所以這也是李登輝晚年，想要發展「源興牛」計畫的原因之一。

【酪農產業發展】

我們現在出國旅遊，經常可以看到外國的牧場有著一望無際的草原，黑白相間的乳牛，零星悠閒地吃著牧草，風景十分宜人。不過在臺灣，因為地狹人稠，除了幾座兼營觀光型態的牧場之外，比較少看到這樣廣闊牧場的風景。

不過臺灣酪農業發展其實有很長的歷史，早在日本統治初期，臺灣就已經開始經營酪農業了。一八九六年，日本人就嘗試從蘇格蘭和澳洲引進斑點是紅褐色的埃爾夏牛（Ayrshire）來到臺灣養育。不過臺灣的氣候太過濕熱，埃爾夏乳牛水土不服，所以經營不是很成功。直到一九一二年開始，日本人又引進了印度乳牛及荷蘭的荷仕登牛（Holstein），後者就是現在最常見到的黑白相間斑點的牛，產乳量也是目前全世界最高的品種，每隻母牛每年可生產一．一萬公斤以上的牛乳（埃爾夏牛大約八千公斤）。

經過長時間培育養殖後，終於成功地建立了臺灣第一代的酪農產業，到了一九四二年全盛期間，全臺灣有七十五間牧場，總計高達兩千三百多頭乳牛。但可惜太平洋戰爭爆發，半數牛隻被當作肉牛宰殺，乳牛數量銳減，酪農產業也因此嚴重衰退。

戰後酪農業緩慢復興，到了六〇年代已有一些農民經由政府輔導培訓後，開始逐漸嘗試飼育乳牛，乳牛頭數恢復到了戰前的水準，而此時大型企業如味全、福樂及光泉等，也開始與酪農契作乳品，酪農業也有緩慢成長。不過在一九六五年，政府開放民間進口奶粉，在進口廉價奶粉競爭之下，酪農業遭遇第一次產業危機，政府只好制訂《乳業改進原則》，以對進口乳製品課徵「乳業捐」來幫助酪農。

一直到一九七二年，李登輝在政務委員期間推動「加速農村建設重要措施」實施之後，酪農業發展才出現了契機。當時政府劃定了諸多生產專業區，例如毛豬生產專業區與酪農生產專業區等等。特別是在酪農業方面，政府首先向紐西蘭進口了五千多頭母種牛，分配給全臺灣七百五十個農戶，每戶分配大約四到六隻作為母牛。接著在彰化福興、雲林崙背、臺南柳營及屏東萬丹等十三個農村成立生產專業區，例如雲林縣崙背鄉，成立了臺灣第一個酪農生產專業區，也是雲林酪農業的示範區。由政府提供貸款，讓酪農購買飼料及設備，並成立酪農產銷班及集乳站，輔導農民進行共同運銷，也輔導並選派青年農民前往美國、澳洲及紐西蘭接受專業酪農的培訓。

同時政府也積極與各學術機關、畜牧試驗所與酪農合作，進行荷蘭牛的「乳牛群性能改良」（Dairy Herd Improvement，簡稱 DHI），逐漸讓來自溫帶的荷蘭牛適應臺灣的濕熱氣候，提升產乳的效率。於是全臺灣的乳牛總數，從五〇年代約為一千隻左右，增長到了一九七三年的一萬多隻。

不過最早期的時候，臺灣乳牛與肉牛的產業是並行發展，但到了一九七五年，政府因為國內毛豬供應不足，肉品價格上漲，於該年開放冷凍牛肉進口，主要是澳洲面臨乾旱問題，畜牧業缺乏草料，就乾脆把牛都殺掉拿去賣。於是便宜的澳洲牛肉就傾銷到臺灣來，大大影響了本土的肉牛產業。而當時酪農業其實也有經營牛肉的副業[43]，所以酪農業也連帶受到打擊，發展不下去。

另外酪農業還有另一個問題，就是因為夏天天氣炎熱，乳牛的泌乳量較少，冬天天氣涼爽，泌乳量多。可是臺灣人把鮮奶當成飲料，還可以做成冰淇淋等甜點，夏天的消費量高，冬天反而變少，在這樣的情況下，產銷很不容易調節。酪農產業發展到一個程度，就會受限於國內市場的需求，變成產銷的瓶頸。後來政府的解決方式是：由政府出面協調鮮奶公司跟酪農，建立「保證價格收購辦法」，由鮮奶公司、酪農及專家組成「生乳價格評議委員會」，定期開會決定牛奶收購的保證價格，並區分冬季與夏季不同乳價，以保障農民權益。

43 乳牛有一半是公的，無法泌乳，當中只有少數會當種牛，大部份都是小時候就被抓去當肉牛；另外就是年紀大，沒有辦法泌乳的母牛也會被當成肉牛。今天臺南流行的小吃牛肉湯，肉品來源大多是乳牛，少部分是黃牛及其他牛種。

行銷包娜娜

李登輝在省主席任內，有幾項特殊政績。就是他經常親自出馬，幫忙農民推銷農產品，解決產銷的困難。像是先前提到的推廣鮮奶，以及各式果菜產銷問題，他都親自到第一線來解決。

其中香蕉產業也是一個值得一提的案例，我們先從基礎的臺灣香蕉產銷史說起：在清代以前，香蕉只是臺灣農民自己種來吃的水果，還沒有大規模的商業化栽培。一直到二十世紀初期，日本商人都島金次郎嘗試把香蕉運到日本內地販售，結果逐漸引起日本人的興趣，因為除了沖繩之外，日本本島幾乎無法種植香蕉，日本人以前也沒機會吃到香蕉。日本人發現了臺灣香蕉之後，就深深愛上了這種香甜可口的熱帶水果。

在這樣的機會下，臺灣香蕉大量出口日本，香蕉園面積不斷擴大，從一九〇九年的五四三公頃，產量約六千公噸；到一九三七年全盛時期，已經高達二萬一千二百七十二公頃，產量來到二十一・八萬公噸，成長了數十倍之多。

到了戰後，日本人還是很懷念臺灣的香蕉，臺灣香蕉依舊非常搶手。比如當時到日本唸書的江丙坤，就有這樣的一個故事：江丙坤一九六一年到日本東京大學農經系讀博士，在基隆港邊看別的旅客都買一簍簍的香蕉上船。他很好奇，也跟著買了三簍香蕉。結果一到日本，船剛靠港，馬上就有小販來跟他收購香蕉，售價為三十美金（當時換算為三千六百日圓），這些錢竟然足夠他付一整個學期的學費。可見當時臺灣香蕉在日本受歡迎的程度。

▲一九六〇年代是臺灣香蕉的黃金年代，圖為豐年雜誌第二十卷二十期封面。

戰後，臺灣香蕉大多數還是賣給日本，不過日本實施貿易管制，臺灣香蕉出口日本，必須換購他們滯銷的產品，後來日本改成「實績制」，進行貿易配額管制，水果始終無法自由進行貿易。而且此時香蕉出口受到

「青果輸出業同業公會」的把持（臺灣輸出採「二五制」，青果商公會規定出口佔比有七十五％，蕉農所屬的青果合作社只有二十五％），但青果商公會給農民的收購價過低，因此農民種植香蕉的意願並不高。

一直到一九六三年，日本全面開放香蕉貿易自由化。這時候臺灣政府將出口比例改成「五五制」，也就是農會出口五％，青果合作社四十五％，青果商可佔五十％。這一個改革大幅提高了青果合作社的外銷配額，也大幅增加了農民的收益。而當時高雄青果合作社理事主席吳振瑞也非常擅長跟日本人談生意，因此帶動了整體香蕉產業的振興。從一九六三年到一九六七年，臺灣香蕉產量扶搖直上，栽培面積來到五・二萬公頃，青果社在一九六六年的營業額高達八・五億台幣，香蕉產地如高雄旗山等，農民獲利甚豐，香蕉成了名符其實的「金蕉」（台語），締造了臺灣「香蕉王國」的黃金年代。

但可惜到了一九六七年，因為青果社的吳振瑞樹大招風，在高雄青果社的成立二十週年慶上，贈送「金碗盤」等紀念品給公務人員，引來「賄賂」的質疑，一九六九年遭檢方逮捕，最終判刑兩年六個月，這就是臺灣史上著名的「剝蕉案」。外界對此事件有多種猜測，包括吳振瑞不願以紙箱替代竹簍來裝運香蕉，影響黨政高層利益，以及爭取「五五制」擋人財路等。事件之後青果合作社被官方打為「蕉蟲」，與日本的貿易也大受影響。此時菲律賓與厄瓜多的香蕉藉機攻佔日本市場，臺灣香蕉瞬間失去優勢，高達八十％的日本市場佔有率，兩年後掉到二十五％，從此再也無法勝過菲律賓的香蕉產業。

政府在一九七七年設立了「外銷香蕉平準基金制度」，以保護蕉農利益。當香蕉市價低於保證價格時，會從平準基金中提撥基金來補貼蕉農的損失，但臺灣香蕉因為價格較菲律賓高，所以外銷日本的市場異常競爭。就在一九八二年，李登輝擔任省主席的時候，因為日方「臺灣香蕉輸入協議會」認為臺灣香蕉太貴，取消臺灣訂單，改進菲律賓香蕉，導致臺灣香蕉無法出口，價格大跌，南部農民血本無歸，只好將一車車香蕉丟進高屏溪裡。

當時李登輝關心香蕉產銷問題，立刻指示：先從外銷香蕉平準基金撥款收購香蕉，減緩蕉價下跌。接著他又交代各級學校及機關團體，在團膳伙食當中加入香蕉，並且也跟鮮奶一樣，通令軍隊一起來吃香蕉。而李登輝發現，臺北都會區的居民，比較少有吃香蕉的習慣，所以他吩咐省政府農林廳通過大筆經費，進行香蕉的推廣。例如當時有一則廣告是「包娜娜的誘惑」——包娜娜是當時著名的女歌手，二十歲出道，一九七八年後淡出歌壇，省府就利用類似的廣告，鼓勵民眾食用香蕉。

▲李登輝在省主席任內，指示農林廳製作一系列「包娜娜的誘惑」、「楊貴妃的遺憾」等廣告促銷水果，化解農產促銷的困境。

本來省政府新聞局為了促進花東的觀光，所以拍攝了十二張照片，要製作成花東風景月曆。但李登輝看了之後不是很滿意，剛好這時候臺灣香蕉產銷遇到問題，就順勢要求將月曆的風景都換成了水果，放上楊桃（楊麗花的秘密）、鳳梨（鳳飛飛的心裡）與香蕉（包娜娜的誘惑）等宣傳，配合著晶瑩剔透的美麗水果照片，沒想到這樣的月曆大受歡迎，因此後來政府機關每年都要印製農產月曆來做宣傳。一九八二年的香蕉滯銷，意外成為了臺灣「水果月曆」的濫觴。

觀光農業與茶產業推廣

李登輝在省主席任內，也推行了一項開創性的政策，他注意到世界貿易的趨勢，臺灣的農業要維持競爭力，就必須拓展整體的產業鏈，讓農業不再只是一級產業，也能發展出加工及觀光旅遊等產業。不過臺灣在八〇年代以前，休閒農業的概念還不普及，只有一九六五年的阿里山森林遊樂區，以林業結合觀光旅遊的方式來經營，還有退輔會經營的見晴農場（一九六五年改名為清境農場）；在民間方面，有七〇年代的田尾公路花園，因為花卉苗木產業集散而成為了新的旅遊景點、還有苗栗大湖地區的草莓園[44]。直到李登輝擔任臺北市長，在他規劃下打造了木柵指南里的觀光茶園，將原本沒落的木柵鐵觀音產業振興起來，改變了社區型態及茶農的經營模式，成為了八〇年代發展觀光休閒農業的範本。

於是李登輝就任省主席後，認為也可以延續指南里的經驗，在全臺各地協助經營休閒農業。他在一九八二年推出「發展觀光農業示範計畫」，其中劃定了苗栗、臺中一帶的觀光採果專區，也陸續興建了彰化縣農會的東勢林場，以及臺南縣農會走馬瀨農場，還有宜蘭香格里拉農場等等。一直到八〇年代末期，臺灣的觀光休閒農場從零星數十家，增加到一百四十多間的規模。

以走馬瀨農場為例，原本這塊地方是曾文溪河谷一個轉彎處，屬於河階的地形（過去曾為平埔族大武壠社的生活領域，所以「走馬瀨」可能是音譯的地名）。不過因為土質及地形關係，這片土地不太適合農務，曾經一度租借給玉井糖廠種植甘蔗。一九八〇年代後，臺南縣農會嘗試轉型為牧場，並引進了盤固拉草打算作為乳牛飼料。但牧草種植下去之後，農會意外發現這種廣闊草原的景色非常優美，於是在政府協助下，再度轉型成觀光休閒農場，一九八八年開業至今已經超過三十年，依舊是臺南市民假日休閒旅遊的極佳去處。

另一方面，省政府交通處也在一九八二年推動「民宿型態」的觀光產業，在墾丁、阿里山及溪頭地區開放一般民宅經營旅館。一直到一九八九年，陸續開放休閒農業地區及原住民部落的觀光旅遊產業，例如南投鹿谷、苗栗南庄、南投仁愛、桃園復興及臺東海端等十個區域，這些都是李登輝在省府期間，基於其對農業的長期研究與關心所開拓的新興產業。經過一二十年的試驗探索，法規越來越完備，資源也越來越豐富，到了九〇年代之後，臺灣的觀光休閒農業逐漸成熟，農鄉發展也有了嶄新的風貌。

44 大湖觀光草莓園的興起，其實是美麗的意外。原本大湖地區的草莓園，假日有遊客經過的時候，會下車跟農民直接在路邊購買草莓。但是一九八〇年某次媒體報導後，許多遊客湧入大湖地區一間「大湖草莓農場」購買草莓。當下農民來不及採收，只好開放讓遊客入園自行採摘，結果農民發現這樣收入比以往高出許多，於是這種模式就成了觀光草莓園的雛形。

另外還有一些有趣的軼聞，也是李登輝在省主席任內的小事，卻帶來地方產業莫大的能量。例如臺東縣鹿野鄉的「福鹿茶」——近年來，鹿野鄉以在「鹿野高台」舉辦熱氣球與飛行傘的活動聞名。但其實除了觀光產業之外，這片土地上還有著非常多元的人文歷史、以及曲折的農業發展過程。

走在鹿野龍田村整齊如棋盤的街道上，會看到有一些日本時代的老房子，還有一座充滿日式情懷的日本神社。原來以前龍田村是日本人興建的移民村，原本這裡是卑南溪和鹿野溪沖積與侵蝕出來的河階台地，也是原住民的傳統獵場。日本人統治之後，將這片土地開發為移民村，從日本內地招攬了一些貧窮的農民來這裡種植甘蔗等作物，並命名為「鹿野村」，人數最多的時候曾經有到兩千人左右。

但是這裡經常有山豬侵擾，夏天還會發生水患，所以開墾的過程非常辛苦。有一名日本作家叫做濱田隼雄，他在一九四二年的時候寫了一本《南方移民村》，就是在講鹿野村開拓的故事。鹿野鄉除了原住民及日本人之外，在一九一〇年代之後，因為糖廠需要大量的農民工，所以也招攬了許多漢人來這裡定居。所以這片土地上，如同地質一般累積層疊了原住民、日本移民及閩客移民的文化。

而在產業的部分，鹿野鄉因為其特殊地理環境，適合種植甘蔗、鳳梨及香蕉等作物，僅有小部分的農民種植阿薩姆紅茶。到了一九六三年，臺東縣政府發現這裡的茶葉非常有潛力，所以開始推廣紅茶，後來也種植了小葉烏龍茶等品種，並以早春及晚冬茶為主力。經過十幾年的發展，鹿野高台這一區域成為了臺東最大的茶葉產區。

一九八二年四月九日，時任省主席李登輝來到臺東訪察，來到鹿野鄉品嚐了本地茶葉，覺得非常有特色，讚不絕口。當地茶農劉天來及新元昌茶廠的溫增坤等人，邀請李登輝為鹿野茶命名。李登輝當下沒有決定，於是他將茶葉帶回去，經過一段時間品茗思考之後，決定建議命名為「福鹿茶」，讓茶農此作為品牌來行銷。

而「福鹿茶」經李登輝推薦之後，知名度大增，吸引國內外品茗者關注；加上一九八四年之後，茶葉改良場臺東分場正式營運，協助鹿野地區茶葉種植推廣，於是福鹿茶產量大增，成功帶動當地經濟發展。

李登輝後來也經常回鹿野探訪茶農，每次前來都會與劉天來與溫增坤等人敘舊，李登輝總共來到鹿野六次。最後一次是在二〇一四年，他下榻鹿野的飯店，品嚐鹿野茶，並種下一棵「臺灣長壽樹」，替鹿野農民祈福，也紀念這段難得的情誼。

有趣的是，不只是福鹿茶，李登輝在全臺訪察的過程中，也幫忙命名與推廣各地茶葉，例如一九八三年的時候，李登輝幫桃園龍潭的包種茶命名為「龍泉茶」；而一九九六年也幫桃園蘆竹的烏龍茶取名叫「蘆峰烏龍茶」，都一時傳為佳話。

▲二〇一三年，李登輝重返鹿野參訪，參訪當年他命名的「福鹿茶」。（圖片來源／中央社）

不過在九〇年之後，由於自越南與中國的進口茶葉倍增，同時臺灣茶出口也面臨國際競爭的壓力，鹿野福鹿茶產量大幅下降，茶產量掉到七〇年代左右的水準。直到二〇〇八年左右，茶改場研發出新的「紅烏龍茶」（重發酵的烏龍茶，茶湯紅潤甘醇，故得名），鹿野茶再度出現振興的契機，搭配每年的觀光活動進行行銷，重新打造鹿野高台茶區的的優勢。

第四章
農業發展的十字路口

臺灣農業在 80 年代末期，被國際情勢逼得不得不走向貿易自由化，站上了發展的十字路口。1988 年，李登輝總統巡視臺南縣玉井鄉愛文芒果專業區共同運銷場，了解果農們的收益。

圖片來源：國史館

1 臺灣的主張

副手歲月

一九八三年七月六日，李登輝到國民黨中常會進行臺灣省政府的工作報告，主題是「省政向下紮根的作法」。報告完之後，蔣經國不僅給予超高評價，還頗不尋常地稱讚李登輝，說他以新的觀念，促使省政工作順利進行，且實事求是、注重效率，各項建設都有具體成果等；這份講評的文稿，甚至在前一天就已準備好，不少與會的人士，包括李登輝自己，都察覺到蔣經國別有深意。

隔年農曆初一（一九八四年二月二日），國民黨秘書長蔣彥士在一公開場合，與李登輝有短暫私下談話，他把李登輝拉到一旁，交代他要準備好一份詳細的學經歷履歷資料，並隱約透露「是經國先生的意思」。

果然，不到兩個星期，二月十五日，國民黨在陽明山中山樓舉行第十二大二中全

▲一九八四年，臺灣省十五位水利會長前往中興新村拜會臺灣省主席李登輝，致贈匾額恭喜他當選中華民國第七任副總統。（圖片來源／中央社）

會，蔣經國宣布提名李登輝為中華民國第七任副總統候選人。在提名書中，蔣經國不僅讚許李登輝擔任政務委員、臺北市長、臺灣省政府主席等公職卓樹績效，深獲民眾信賴，還特別指出，李登輝曾任臺灣大學教授、農復會技正、組長等職，「對加速農村建設貢獻甚鉅」，且「好學不倦、著述甚勤」，為國內外學術界所推重，顯示蔣經國極為看重李登輝作為農經專家的表現。

在還沒有民主轉型之前，臺灣的總統選舉採用間接選舉，由一〇六四名國大代表投票表決選出。第七任總統選舉是在一九八四年三月二十一及二十二日，二十一日當天選總統，蔣經國獲得一〇一二票，高達九十五點一％的得票率，毫無意外地連任總統；第二天選副總統，李登輝獲得了八七三票，得票率為八十二％，當選為第七任中華民國副總統。

李登輝在副總統任內，很清楚他的角色就是「備位元首」，尤其當時仍是強人政治時代，一切權力都在蔣經國的手裡，兩人之間並不存在所謂的「分工」，李登輝能做的，就是配合蔣經國的指示行事。李登輝接受國史館訪談時提及，蔣經國交辦他事情時，通常不會把話說得很具體，僅含糊地說某些事情希望他能夠多幫忙，也不事先說明原則，其中分寸並不好拿捏。李登輝謹守分際，什麼都「照步來」，也不建立自己班底，「以免不知道的人以為我想做什麼」。

儘管沒有實權，李登輝在擔任副總統三年八個月期間，經常代表蔣經國出訪，出席各種大小活動，主持各種會議，確實獲得與聞國政的機會。隨著蔣經國身體日益衰弱，越來越多政務都交由李登輝規劃執行，例如推動經濟自由化、處理二重疏洪道居民搬遷、處置錫安山新約教會、籌設中正大學、與黨外人士溝通、協助美麗島受刑人減刑、地方選舉提名等，對於李登輝日後擔任總統有相當助益。

一九八七年七月底，蔣經國在國民黨中常會上，指示行政院長俞國華考慮取消田賦，同時也交代李登輝關心處理，這件事在李登輝的日記有特別紀錄。不到半個月，行政院於八月十三日核定取消田賦，自一九八七年第二期開始停徵。

這對臺灣農業來說是一大變革，臺灣的農地長期以來實施「田賦徵實」，農地被政府分成「二十六等則」，第一等則的地最優良，需要負擔的稅賦最高，第二十六等則的地最差，稅賦最低，且原則上需以稻穀等實物繳納，每一塊農地依照等則課徵「賦元」，每一賦元折算若干公斤的稻穀。

以一九六八年為例，第一等則的稻田，每公頃必須繳納五十・五二賦元，若該期政府訂定一賦元需繳納二十八公斤稻米（包括公學糧、教育捐或防衛捐等等稅賦），農民每公頃就必須繳納一三六四公斤的稻米。不僅如此，政府還會另外執行「隨賦徵購」，每賦元政府再強制便宜收購十二公斤稻米，換算賦元就是要賣六百公斤稻米給政府。農民繳完田賦，還要額外被強迫徵購稻穀，等於被剝兩層皮。再加上「肥料換穀」及水租等苛捐雜稅，農民至少受到政府三層剝削，苦不堪言。

一九七二年，李登輝在政務委員任內推動廢除肥料換穀時，同時取消田賦附徵教育捐；一九七七年，政府廢止「田賦徵收實物條例」，並宣布減半徵收田賦。隨著工商業逐漸發展，田賦在整體稅收的比例越來越低，然而，由於財政部擔憂影響預算平衡，田賦一直沒能完全取消，直到一九八七年，行政院才終於在蔣經國指示下宣布停徵田賦。李登輝認為，取消田賦最主要的意義，就是要把農村的資本留在農村裡，不再剝削農民。

李登輝擔任副總統期間，相較過去職務，比較有自己時間，因此他在公務之餘大量購書、讀書，許多放在大溪寓所的藏書，都是在這時期買的。李登輝閱讀的領域又多又雜，不僅研究外交、軍事和中國政策，還讀了許多電子學與材料學等最新科技的書，甚至也曾靜心研究過中小學的教科書，奠定了他日後提出「認識臺灣系列」的改革想法。

李登輝在副總統任內，還有一件罕為人知，但影響深遠的小事。一九八五年，李登輝出訪中美洲，過境美國洛杉磯時，在車上看到有盲人牽著導盲犬在走路，畫面非常溫馨且從容，於是他開始對導盲犬產生興趣。回到臺灣之後，李登輝買了兩隻黃金獵犬，打算繁殖培育牠們作為導盲犬，後來果真生了很多小黃金獵犬出來。但當時他還沒有幼犬要接受社會化訓練的觀念，所以這群黃金獵犬後來只能作為陪伴動物，無法成為合格的導盲犬，使得李登輝感到十分懊惱，不過有了這幾十隻黃金獵犬之後，總統官邸一時之間變得非常熱鬧。

同時，李登輝找曾文惠的弟弟曾文雄（臺灣盲人重建院創辦人）一起合作，在一九九三年成立了「惠光導盲犬教育基金會」，並於盲人重建院興建犬舍。他們從澳大利亞導盲犬協會那邊帶回了一對拉布拉多犬，這對拉布拉多夫妻生了九隻小狗，其中一隻叫做「Aggie」[45]。經過長期訓練之後，Aggie 在一九九六年成為了臺灣第一隻

45　Aggie 經過七年的服務之後，出現四肢退化現象，於是在二〇〇三年光榮退役，由醫師王紫光領養，並於二〇一一年逝世，享年十七歲。

導盲犬，引導視障者柯明期先生走過了七年的歲月，不過在 Aggie 剛陪伴柯先生的時候，經常受到公車司機、一般民眾的質疑與拒斥，後來在法規逐漸完備，社會宣導逐漸普及之後，導盲犬制度才逐漸在臺灣發展起來。

狂風暴雨中掌舵

李登輝在副總統任內，也是蔣經國生命最後一段歲月，是臺灣民主轉型過程中，最為激情且戲劇性的時刻。從一九七九年美麗島事件爆發之後，許多黨外人士雖然遭到政府打壓，例如一九八〇年林義雄家族血案[46]及一九八一年陳文成事件[47]等，但仍然前仆後繼站出來發聲，試圖打破威權的禁錮。

一九八四年，華裔作家劉宜良（筆名江南）因寫《蔣經國傳》，在美國遭人刺殺，後來查出背後主謀就是中華民國情報局。由於江南擁有美國國籍，引發美國政界高度重視，蔣經國也在此壓力下，宣布「蔣家後人不會接班、也不會從政」，為「後蔣經國時代」增添了許多變數。

到了一九八六年九月二十八日，一三二名黨外人士挑戰戒嚴體制，在臺北圓山飯店宣告組成「民主進步黨」，由江鵬堅擔任創黨黨主席。雖然民進黨草創初期屬於非法組織，但或許是蔣經國認知到時代正在改變，並沒有下令進行鎮壓。一九八七年七月十五日，蔣經國宣布解除長達三十八年又五十六天的戒嚴令，臺灣迎來民主轉型的契機。

46 一九八〇年二月二十八日，黨外人士林義雄因美麗島事件被關在景美軍法看守所（今國家人權博物館），並於當天上午赴軍事法庭開庭。林義雄的太太方素敏也到法庭觀審，只剩三個女兒和林義雄的媽媽游阿妹在家裡。時至中午，林義雄的助理田秋堇到林家探視，發現一家老小全部倒在血泊當中，雙胞胎女兒林亭均、林亮均，還有阿嬤游阿妹都慘遭刺殺身亡。此案又稱「林宅滅門血案」。

47 一九八一年五月，在美國卡內基．美隆大學教書的陳文成博士返臺探親，因為他長期在美國參加臺獨運動，遭到情治機關跟監。就在七月三日，陳文成預計返美前夕，被人發現陳屍在臺大圖書館系系館的草皮上。起初警總發言人說陳文成是自殺，但各界專家勘驗後，都認為陳文成應是他殺。二〇二一年，相隔四十年後，臺大始同意在校園內設置陳文成事件紀念碑。

蔣經國在八〇年代中期之後，就因糖尿病痼疾，身體越來越差，視力逐漸退化，雙腳也不良於行，一九八七年，蔣經國已不得不坐輪椅參加國民黨中常會；當年雙十節，蔣經國首度公開坐輪椅出席國慶典禮。一九八八年一月十三日下午一點五十五分，蔣經國突然大量吐血，陷入休克昏迷。

「七海官邸」（蔣經國居所）的人員隨即致電總統府，但此時李登輝正在接見外賓，秘書並未及時轉達。一直到官邸再次致電，幕僚進入會客室向李登輝本人報告，李登輝才得知情況，立即前往官邸。然而為時已晚，李登輝在下午四點許抵達時，蔣經國已經過世。沒能見到蔣經國最後一面，李登輝一直感到遺憾。

一九八八年一月十三日當晚八點零八分，李登輝依憲法宣誓繼任總統[48]，成為臺灣史上第一位本土出身的領導人，結束了蔣家四十三年來的統治，也讓李登輝捲入了黨內鬥爭的驚濤駭浪當中。

李登輝突然站上高位，身邊沒有班底，更沒有任何黨政軍的人脈，黨內高層咸認，他只是個「臨時總統」，未來終將再找出一個「適當的」領導人。面對鉅變，李登輝戰戰兢兢，在蔣經國剛過世的前十三天，每天上班前，他都到蔣經國靈前祭拜，展現自己對蔣經國的感念之情，同時讓各界了解，他不會改變蔣經國路線。

李登輝能否穩定政局，真正的關鍵在於能否接任黨主席。國民黨原先規劃，由行政院長俞國華在一月二十日的中常會領銜提案，通過李登輝代理黨主席，沒想到蔣宋美齡強勢介入，在中常會前夕去信國民黨秘書長李煥，主張改採集體領導模式，由中常委輪流主持中常會。蔣宋美齡的信函來得突然，無法等閒視之，原訂二十日舉行的中常會因而取消。不過，集體領導的意見無法獲得黨內支持，一月廿七日，國民黨中常委一致通過由李登輝出任代理黨主席，李登輝驚險站穩第一步。

一九八八年七月，李登輝在國民黨十三全大會完成法定程序，正式接任黨主席。為了政局安定，他支持俞國華內閣繼續執政，但是黨秘書長李煥檯面下運作不斷，黨

48 在九〇年代修憲之前，總統的任期一任是六年，所以第七屆總統蔣經國的任期是到一九九〇年，李登輝算是臨時代理的總統。

▲一九九〇年三月，大學生全臺串連發起「野百合學運」，李登輝在二十一日晚間，於總統府會見范雲等五十餘名各校學生代表，聽取學生訴求。（圖片來源／中央社）

內暗潮洶湧。隔年，李登輝接受現實，讓李煥如願擔任行政院長。不過，在軍令系統方面，李登輝沒有妥協，即使蔣宋美齡反對，他還是在一九八九年底，讓已做了八年參謀總長的郝柏村調任國防部長，讓軍方人事制度化。初掌大位的李登輝，在最初兩年任期，周旋妥協在各方勢力之間，能夠穩定政局，已屬不易，難有餘裕施展手腳。李登輝當時的處境，正如日本作家上坂冬子形容，是「虎口的總統」。

一九九〇年二月，李登輝繼任總統任期將屆滿，李煥、郝柏村、許歷農等人，不滿李登輝將提名李元簇為副總統候選人，醞釀在臨中全會上，先以黨內民主為由，要求以票選決定總統候選人，再推出林洋港及蔣緯國競選總統副總統，正式向黨中央宣戰。

李登輝掌握訊息後，強忍內心波瀾，力持鎮靜，分別約見黨內重要成員，媒體也事先接獲風聲，讓當天的中山樓瀰漫著一股詭譎氣氛。最終有驚無險，七十比九十九，票選案並未通過，大會隨即起立表決，通過李登輝為國民黨總統候選人，從此「主流派」、「非主流派」成為臺灣經典政治名詞。

不過，非主流派仍未放棄，將戰場延燒到國民大會，希望由老國代發動連署「林蔣配」。李登輝則依照自己的步調，逐一到每一位國代家拜訪，爭取支持。有趣的是，李登輝登門拜票，「伴手禮」竟然是自己的《臺灣農業經濟論文集》，他將這部集結三大卷學術論文、厚達十公分的精裝書一一致贈給這些老國代，希望他們能看到自己對臺灣農業的投入與熱誠。臺灣省議會議長蔡鴻文也在其中穿梭奔走，最後成功勸退林洋港，結束這一場驚險的「二月政爭」。

這場不流血的政治鬥爭，瓦解了國民黨內「反李勢力」最後的反撲，徹底改變了臺灣民主化的進程。就在此時，全臺各大學學生發起「野百合學運」，學生們在中正紀念堂（自由廣場）上靜坐，提出提出「解散國民大會」、「廢除臨時條款」、「召開國是會議」及「政經改革時間表」等四項訴求，李登輝與學生會面後，接受了國是會議等建議，順勢推動國民大會全面改選等政治改革，邁開了九〇年代民主轉型進程的第一步。

2 農民的怒吼

李登輝一九八八年接任總統，正好是國際情勢最嚴峻的時刻，他除了要挺過政壇的驚濤駭浪，政務也面臨內外交迫的處境。一九八六年，GATT烏拉圭第八回合談判將農業自由化列入議程，再加上美國三〇一法案的壓力，臺灣被國際逼得不得不走向貿易自由化，讓臺灣農業站上了發展的十字路口，必須面對方向上的抉擇。如何妥善安排各方勢力的矛盾，在「農本主義」與政治現實中取得平衡，成為李登輝執政之後，面臨的最大挑戰。

李登輝十分清楚國際自由貿易的潮流，臺灣若要維持經濟穩定發展，就必須開放市場，面對國際的競爭壓力，在農業上堅持「保護主義」是行不通的。政府一方面必須照顧農民，但另一方面也必須調整農業政策，開放外國農產品進口。身為最高領導人，不能再單純以農業本位來施政，必須兼顧所有產業的平衡，往「務實」的路線進行調整。

臺灣首先面對的外在挑戰，是國際情勢的變化。臺灣在五、六〇年代，因為國共內戰的關係，經濟上十分依賴美國援助。但是到了一九七一年後，臺灣（中華民國）在聯合國的代表權被中華人民共和國所取代，一九七九年，美國轉而與中國建交，臺灣失去最有力量的盟國，國際地位岌岌可危。因此臺灣從依賴美國的經濟援助，轉成為必須對美國開放一定的市場，確保與美國的經貿合作關係，於是臺灣持續大量向美國採購小麥、大豆及玉米等雜糧，並試圖引導稻作轉型或休耕，降低本地稻米產量。

一九八四年美國更進一步提出《中美食米協議》，限制臺灣稻米出口數量。時任臺灣省主席的李登輝，為了降低稻農所受到的衝擊，提出「稻米生產及稻田轉作六年計畫」，並試圖將臺灣農業發展主軸，從原本自給自足的稻米產業，調整成以經濟作物或進口替代為主的雜糧作物。

另一方面，「全球化」與「自由化」的浪潮襲來，世界各國正積極地進行GATT（General Agreement on Tariffs and Trade，中文稱關稅暨貿易總協定，WTO前身）的相關談判。GATT傾向打破國家之間的貿易障礙，讓資本及商品在國際之間自由流通，在美國總統雷根（Ronald Reagan）及英國首相柴契爾（Margaret Thatcher）執政的八〇年代，成為國際關係裡的主流焦點，這樣的思維又被稱為「新自由主義」（neoliberalism）。

先進的資本主義國家，普遍認為自由且開放的市場，可以達到經濟學上的「比較利益法則」——各國生產自身最優勢的商品，並自由交易買賣，可達到最有效率的經濟生產模式，例如新自由主義可能會認為，澳洲生產牛肉效率較高，臺灣輕工業較為發達，臺灣就可以用工業產品跟澳洲換取牛肉。但是這樣一來，臺灣的畜牧業，以及澳洲的輕工業各自都會受到嚴重打擊，因此各國內部要如何調整國內產業，避免人民大量失業，就成為了非常棘手的議題。

舉一個實際「自由化」的案例，原本臺灣從日本時代一直到國民黨政府，都採取「菸酒專賣制度」，由公營的菸酒專賣局龍斷市場，民間不得私自進口與製作菸酒。但到了八〇年代，美國認為對臺灣貿易逆差太大，便依據《一九七四年貿易法第三〇一條》（簡稱「三〇一法案」），向臺灣要求開放菸酒市場。於是在國際壓力下，臺美於一九八六年簽訂《中美菸酒協議》，開放各國菸酒進口。

這項條約影響了國內菸酒的產量，但公賣局為了維持農民權益，只好以補貼方式，持續大量收購葡萄與菸葉。至九〇年代，陸續推動落日條款，協助農民進行轉作，例如一九九三年的「菸農廢耕及停耕補償」及一九九六年的「契作釀酒葡萄廢園補助」等政策。到了臺灣加入WTO之後，全面開放菸酒市場，二〇〇二年公賣局也改制為臺灣菸酒公司，原本契作的菸葉等作物，也逐年縮減面積，到二〇一七年全面停止收購菸葉，原本鄉村常見的菸田風景與菸葉文化，也隨之步入歷史。

內部的挑戰則是來自於社會矛盾：李登輝擔任副總統的時候，正是臺灣社會運動的「狂飆年代」，各種運動思潮猶如星火，遍地爆發——除了先前提到的民主運動，即黨外人士不斷衝撞威權體制，並於一九八六年突破戒嚴令成立民進黨之外；校園內學生運動則發生了臺大的「自由之愛」事件；還有環境議題，如一九八六年鹿港反杜邦運動與新竹李長榮化工公害事件；族群方面，有原住民正名運動與還我土地運動等、一九八七年的外省人返鄉探親運動；性別方面則有一九八八年反雛妓運動及反職場性別歧視運動；勞工運動則是在李登輝剛就任總統之初，陸續爆發桃園客運罷工、苗栗客運罷工及新光紡織士林廠關廠抗爭運動等。這些事件只是當時社會運動的一部分，但我們就可以從中看到八〇年代中晚期，臺灣社會力蓬勃發展的現象。

當時農民運動也是風起雲湧，由於臺灣農村的問題不僅只是農業產銷而已，還有許多土地徵收及環境公害的爭議，結合起來，就形成了遍地烽火的農民抗爭事件。

回顧臺灣現代農民運動史，現代農運第一波高峰是一九二〇年代中期，李應章醫生組織「二林蔗農組合」，協助蔗農向林本源製糖會社爭取權益，發生了二林蔗農事件，由此事件點燃農運星火，接著高雄的簡吉及趙港也發起「鳳山農民組合」等人協助農民爭取權益，進而組織了全島性的「臺灣農民組合」，全盛時期，農民組合的成員還高達兩萬多人。

但到了二〇年代末，因為日本政府的強烈鎮壓，農民運動被迫消聲。戰後又因為二二八事件、緊接著國共內戰的關係，左翼思想受到國民黨壓制，關心農民的知識青年如李登輝，也和白色恐怖迫害擦身而過，差一點消失在歷史迷霧當中。而農村的政經結構也由政府牢牢控制，因此整個五〇到七〇年代，臺灣農民縱然對體制有所不滿，也幾乎無法發聲，更遑論組織農民團體來爭取權益。一直到八〇年代，才爆發了農運的第二波高峰。

一九七九年美麗島事件之後，雖然民主運動遭到彈壓，但有志之士開始前仆後繼挑戰既有體制，例如農運人士戴振耀[49]，他在美麗島事件中遭到逮捕，判刑三年。在獄中受到紀萬生老師的啟發，出獄後開始組織農民，在高雄橋頭的一座芭樂園裡面成立了「農民教室」。戴振耀及黃昭凱等人號召了二、三十名農民，定期邀請邱義仁、楊碧川、林雙不、林宗正、蔡有全還有陳文茜等人擔任授課講師，並發起諸多農民抗爭。

根據戴振耀回憶，在一九八五年，臺灣政府進口了一批泰國玉米，被檢驗出含有超量的黃麴毒素。然而政府的處理方式，竟然是混合美國玉米之後，作為養豬飼料使用。於是戴振耀就號召豬農，到高雄縣政府去抗議，他們用卡車載了兩百隻小豬，小豬尾巴綁上彩色氣球，然後在縣府前面抗議的時候，釋放這兩百隻繽紛小豬，弄得現場警察與縣府人員人仰馬翻。

另外在一九八六年十二月底，嘉義發生了「中洋仔事件」，就是嘉義縣政府強制以低價加補償金的方式，徵收新港鄉中洋村農地，賣給臺塑企業作「中洋子工業區」。許多中洋村的農民依賴土地維生，土地被收走了，也沒有其他技能，環境又會遭到工業區污染，未來要怎麼辦呢？許多農民氣憤不過，拒領賠償金，但土地仍遭強制徵收。戴振耀跟邱義仁他們看到這種情形，非常生氣，帶著「農民教室」的伙伴到嘉義抗爭，邱義仁與多位農民還因為與警察衝突，被移送法辦，判刑一年到六個月不等的刑期。

我們從戴振耀的農民教室可以看出，當時臺灣農村有諸多問題，很多都是地方型的抗爭，但因為過去威權時代，沒有人出面組織、協助農民抗議，新聞也很少報導，

49　戴振耀（一九四八—二〇一七），高雄橋頭人，民進黨新潮流系政治人物。年輕時曾因美麗島事件坐牢。出獄後組織農民教室，五二〇運動後組織高雄縣農權會以及臺灣農權總會。一九八九年當選農民團體立法委員，在立院內推動多項農民福利制度。二〇〇二年擔任農委會副主委。

所以很難成為全國關注的焦點事件[50]。但有些農業議題，在學生、中產階級或傳媒等中間階層介入之後，抗爭動能就會比較強勁且持續，並結合了環境保護及民主轉型等議題，八〇年代的農民運動就形成了一股巨大洪流。

五二〇運動

而最終真正點燃全臺農運怒火的事件，是政府開放進口火雞肉及香吉士的政策。

「那時每年都在談判，臺灣農業已經受不了了，美國香吉士進口，果農就抗議，美國火雞肉進口，雞農也抗議。」當時在農委會農產貿易科，參與貿易談判業務的廖安定說，「外部有自由化壓力，內部又有抗爭，李總統面臨非常複雜的環境。」原先臺灣農民家家戶戶都會養一些雞、鴨、鵝、豬等家禽家畜，作為副業、營養補充或逢年過節祭祀慶典之用。而火雞起先是由荷蘭人引進臺灣，加上戰後美軍駐紮的關係，火雞養殖越來越普及，嘉義一帶也發展出了非常有特色的小吃「火雞肉飯」。但是到了一九八八年，經過數次反覆談判，在美方強勢施壓之下，臺灣被迫開放進口火雞全雞，擊垮了臺灣的火雞養殖業，短時間內也連帶衝擊了一般雞農。該年三月二十一日，由中華民國養雞協會號召兩千名左右的雞農，到湖口街的國貿局抗議，時任國貿局長蕭萬長出來向雞農解釋政策，結果卻被氣憤的雞農砸了滿身的雞蛋。

▲養雞協會號召雞農走上街頭，抗議政府開放進口美國火雞肉，圖為美國在台協會雞農抗爭場面。（圖片來源／聯合報）

50 例如彰化縣線西鄉的養鴨產業，因為地處風頭水尾，不利種稻，在一九六〇年代許多稻農開始轉型養鴨事業，販售皮蛋、鹹蛋及鴨賞等加工產品，線西鄉因此成為了「養鴨王國」，李行所執導的健康寫實電影《養鴨人家》就是在線西拍攝的。一九八五年七月十六日，線西鴨農不滿中間商剝削，糾集約二十餘人抗議，停止向中間商供貨，這也是八〇年代農民抗爭的一起事件，可惜並未引起外界太多關注。而線西鄉的養鴨產業，因為鄰近的彰濱工業區興建之後，帶來重金屬污染，二〇〇五年的時候被驗出戴奧辛超標，導致全鄉的鴨子都遭到撲殺，產業遭到毀滅性打擊，「養鴨王國」就此消逝。

同時，美國的「香吉士」（Sunkist）等柑橘類農產品也急於叩關——香吉士其實是一間美國加州的柑橘農產公司[51]的名字，並不是一種水果，因為香吉士企業的銷量很大，他們的柑橘產品上面都會貼一張香吉士的貼紙，所以後來香吉士泛指為美國生產的甜橙，特別是瓦倫西亞橙（Valencia Orange）。終於到一九八七年，臺灣開放進口美國水果，這些柑橘類作物（甜橙、檸檬與葡萄柚等），帶給臺灣農業的衝擊甚大，因為這些品項臺灣生產的柑橘類作物（柳丁、椪柑、桶柑、文旦）有很大的相似性，甚至連帶水梨、枇杷及芭樂等水果，也會受到影響。

臺灣各地都有生產柑橘類的作物，但臺中東勢及苗栗卓蘭等地區，屬於淺山及丘陵地形，水果為當地極為重要的經濟來源，跟平地農村比起來，當地農民受到的影響又更嚴重許多，雪上加霜的是，當年水果遇到盛產，導致市場價格暴跌，大批水果滯銷腐爛，引發農民的強烈不滿。根據東勢農民運動者林豐喜的回憶，他看見農民販賣水果，連紙箱的錢都無法回收，認為「不抗爭不行了」。

因此在一九八七年十一月，由林豐喜、王昌敏及胡譽鐘等人，率先在東勢組織了

「山城農民權益促進會」，協助農民進行抗爭。而「社運工作室」的陳秀賢與蔡建仁等，也前來協助山城農權會進行組織，另外全國性的學運團體「民主學生聯盟」（民學聯）當中不少學生也加入聲援。

該年十二月八日，林豐喜及胡譽鐘帶領山城農權會及各地果農等上千名農民，到立法院抗議水果進口。此次抗爭又稱為「一二〇八事件」，可謂臺灣戰後首次的大規模農民運動，這場抗爭鼓舞了全臺農民，各地紛紛成立農民組織並相互串連[52]。到了一九八八年初，山城農權會及社運工作室舉辦「學生農村生活營」，進一步組織大學生「進鄉」，擴大農業運動的隊伍。三月十六日山城農權會聯合工黨、環保聯盟、後

51　香吉士原名為 Sunkist Growers Inc.，亦即香吉士種植者公司的意思，是全球歷史最悠久的農產行銷企業，創立於一八九三年，原本是數千名加州柑橘類農民組織而成的農民合作社，後來該社積極進行商業宣傳，甚至影響美國貿易政策，成功將柑橘類農產行銷到全球各地，也成為了美國甜橙的代名詞。

52　山城農權會之後，一九八八年初全臺陸續成立臺東、峨眉、苓林、屏東、雲林等農權會。五二〇運動之後，仍有彰化、嘉義、宜蘭、高雄及桃園地區成立農權會。

勁反五輕自救會及學生工作隊等團體，再度發動上千名農民，到「美國在台協會」及國民黨中央黨部進行抗議，喊出「反美帝，反傾銷」等口號，反對進口美國農產品。

同一時期，雲林的民進黨成員林國華、張豐吉和李江海等人，因為協助農民解決土地重劃的徵收爭議；以及反對雲林地方法院強制執行繳納水租，並抗議雲林水利會會長陳新登規劃及分配水權不當等事件。幾次抗爭下來，林國華等人成功獲得當地農民的信賴，士氣大振，於是他們也在一九八八年四月十日成立了「雲林農權會」。

▲一九八八年五月二十日爆發的農民運動，是臺灣自一九八七年解嚴後第一樁，也是自美麗島事件以來最嚴重的街頭群眾抗爭事件。（圖片來源／中央社）

在四月二十六日一場大型抗爭當中，山城農權會的林豐喜號召將近五百台農機具上街抗爭，與警方發生衝突，農機具甚至一度衝向總統府，最後被鐵網攔了下來，但行動過程中，林國華與林豐喜意見不合，於是林國華逕自帶領雲林農民撤退，並宣告於五月二十日再度進行抗議。目的是要讓本土出身，農經專業背景的李登輝總統聽到他們的訴求、重視農村的困境。

五月二十日當天，總統府周圍早已佈滿重兵，軍警單位嚴陣以對，社運界也傳聞今天警方及軍方將強力掃蕩抗議份子，以儆效尤。

林慧如[53]說，警方嚴加戒備，應是受到先前的「四二六運動」影響，那時候他們開了「鐵牛車」（耕耘機）到街頭，衝撞總統府的拒馬，表達農民的憤怒。後來還說下次抗議要開怪手上來，警察就真的嚇到了。

53 林慧如，林國華的女兒。五二〇運動發生時正在臺北唸書，被捲入事件，坐牢七個多月。出獄後來決定參政，為鄉親服務，一九九〇年起連續高票當選四屆雲林縣議員，後選上兩屆古坑鄉長，也曾擔任雲林縣勞工處及農業處處長。

到了五二〇當天早上，雲林農權會帶了將近兩千名雲林鄉親，加上各地前來聲援的農民約一千人，其餘聲援者約兩千人，總計大約五千人左右上街遊行。現場由林國華擔任總指揮，副總指揮原本是林豐喜，但他當天缺席，臨時由蕭裕珍、鄭朝正等人上陣。在這場運動當中，雲林農權會提出了七大訴求：

1 全面辦理農民農眷保險
2 開放肥料自由買賣
3 增加稻米保證收購價格與收購面積
4 廢止農會總幹事遴選
5 廢止農田水利會會長遴選
6 設立農業部
7 農地開放自由買賣

遊行隊伍在國父紀念館集合，中午十二點四十五分出發，繞經仁愛路、敦化南路、南京東路等路段，再沿中山北路至立法院抗議。遊

▲農民滿載大卡車白菜北上遊行抗議，希望政府重視農村困境。（圖片來源／聯合報）

行隊伍於下午兩點二十分左右抵達立法院的時候，有兩名成員到立法院借廁所，結果在裡面遭到保安警察毆打。現場群眾十分惱火，要求警方放人，並與警方發生衝突，結果在兵慌馬亂之中，詹益樺等人一氣之下，將立法院大門口的招牌拆了下來，多名抗爭者立刻遭到警方逮捕。

警民對峙一直持續到傍晚，四周都被警方包圍，林國華及群眾決定到臺北市警局城中分局（今天的中正一）前集體靜坐抗議。到了晚間七點多，現場憲兵開始「清場」，大多數現場靜坐民眾都被暴打成傷，林國華、林慧如、蕭裕珍及李江海等人也慘遭痛毆，鄭朝正被打到跛腳，立委朱高正則是被打到昏迷。而由於不斷有學生及臺北市民加入靜坐抗議行列，這場抗爭一直持續到五月二十一日早上七點，才被軍警完全驅散，約有一百三十人遭當場逮捕，最後有九十六人遭到起訴，林國華被判兩年十個月徒刑。而林慧如當時在臺北的補習班教書，只是到現場送水，看到憲兵鎮壓民眾的慘況，就下跪大喊說「不要再打人了！」，然而她也被打到重傷，審判期間被羈押了七個多月。

林慧如說：「憲兵跟警察那時候打人的方式是：把你抓進去隊伍、包圍起來打，民眾看不到他們打人，你也沒辦法指認是誰打的……。」

這場「五二〇運動」是戰後臺灣衝突最嚴重的農民運動，也是自美麗島事件以來，鎮壓手段最激烈的社會運動，當時多名國民黨立委，還要求政府發佈緊急處分，甚至復行局部戒嚴。農委會主委陳吉仲出身屏東的農家，當時還是臺大農經系大三的學生，因為對農民的處境深感同情，所以也到現場聲援，並親眼目睹農民被暴力驅離，以及立委朱高正被警方痛毆的景象，心底受到強烈震撼。

五二〇運動最大的影響，就是影響了整體農民運動的士氣。雖然當時臺灣社會已經解嚴，但人們普遍對於威權的記憶都還非常清晰，事後警方追緝相關人士，也讓許多地方鄉親惶惶不安，擔心後續會遭到政府迫害，再加上很多中南部的鄉親也都是第一次上街頭，就被當天抗爭現場的激烈衝突所嚇壞了，很多人因而退出抗爭行列。

在李登輝這方面，身為農經專家出身，長年關心農業發展，也是有史以來第一次本土出身的總統，剛就任不久，就發生了如此嚴重的農民抗爭事件，對他來說無非是一件極為尷尬、也極為艱困的挑戰。因此他立刻在事件發生後的一週（五月二十八日），到林國華的家鄉雲林古坑走訪，到田心村瞭解基層意見，並宣示會加速農保的開辦。而剛上任的農委會主委余玉賢，同時也到古坑鄉麻園村的雲林農權總會本部訪問，他對農權會的成員說：「感謝你們，讓我們農業部門的聲音更加被重視。」

不久之後，新政府也在一九八八年十一月舉行第二次全國農業會議[54]，以「開創農業發展的新境界」為主題，召集農業界人士共商農政改革對策。

一九九三年五月二十日，農權總會以「五二〇再出發」之名，重新集結群眾上街抗議，提出「公地放領[55]、單一全民健保、設立農業部、農會總幹事直選、加入

54 第一次全國農業會議是在一九八二年，世界糧食危機出現的時候舉行。三到五次分別是在一九九四年、一九九八年及二〇〇三年舉行，目的是為了討論貿易自由化及WTO衝擊等議題。最近一次（第六次）則是在二〇一八年舉行。

55 「公地放領」這一項訴求的意思是，目前有些國有地是國民黨政府來臺灣的時候劃定的，而其實更早之前，可能清朝時代，農民們就在上面耕作了。只是一九四五年後農民不知道要向政府登記，所以就被劃為無主地，最後就變成國有土地，農權總會希望政府可以把這些土地還給人民。

ＧＡＴＴ前制訂農業因應政策」等五大項訴求。農權總會動員了一萬五千多人，聲勢頗為浩大，不過這次總統府秘書長蔣彥士及農委會主委孫明賢到現場與抗爭者直接溝通，承諾政府陸續解決問題，使得運動和平收場。

因為「五二〇再出發運動」的關係，李登輝主動希望與農權總會的成員對話，於是邀請林國華、李江海與林慧如等人到總統官邸會面。林慧如回憶說，他們與李登輝見面最主要的訴求是通過敬老年金（老農年金），因為當時勞保跟公保都有退休金制度，只有農保沒有。李登輝在二〇〇〇年卸任後，接受資深記者鄒景雯專訪（隔年出版為《李登輝執政告白實錄》）透露，當時他對林國華等人表達：「加入ＧＡＴＴ後的農業衝擊，開辦農民年金、照顧農業人口的退休安養，都是政府該做與正在做的事。」

他甚至建議農權總會的人說：「你們應該到日本與韓國去考察，吸取國外農運的經驗，將有助於農權總會的成熟與壯大。」

五二〇運動的總領隊李江海日後也回憶到那次對談，李登輝跟他們聊了將近四個小時，主要是說：「我也是臺灣人，瞭解農民的辛苦，但改革沒辦法立刻完成，請給我一些時間。」

後來李登輝還特別帶他們到官邸四處參觀，欣賞他在官邸裡養的一大群羊，試圖拉近與農運人士的距離，建立信任關係。

李登輝意識到八〇年代的貿易政策對臺灣農業造成許多負面的影響，但是站在國家總體的角度來看，農業經濟不可能永遠都採取保護主義的政策，如果臺灣要加入GATT等國際組織，遲早都會面臨農產品進口的問題，因此強化農村的社會福利制度，並且提升國內農產品的競爭力，或許才能幫助農民度過轉型難關。

為了因應臺灣申請加入GATT，一九八八年，李登輝請農委會成立專案小組，找來經濟、法律、農業等各領域的學者專家，了解GATT的規範和談判進度，並針對各種狀況進行沙盤推演，研議對臺灣的影響。當時小組成員包括現任總統蔡英文、前大法官羅昌發、臺大農經系教授吳榮杰、前工總副秘書長蔡宏明等人。吳榮杰表示，李登輝總統非常具有國際觀，也很有遠見，知道臺灣加入國際組織，勢必對各種產業造成衝擊，必須及早因應；他認為農經學者和經濟學者最大差別，就是「對農業感情不一樣」，李登輝非常重視農民的福利，知道市場機制不是萬能，農業的價值不只生產，接受國際規範開放市場的同時，一定要積極論述農業的多元價值，才能保有國內農業。

臺灣在一九九〇年申請加入GATT，一九九二年進入各種產業的實質談判，農業部分由農委會負責主談。當時有二十幾個會員國對我國提出諮商要求，雙邊談判至

▲一九九四年，來自臺灣各縣市農民代表在臺北國父紀念館會師，強烈要求政府在加入 GATT 後決不能犧牲農民權益及堅決反對國外稻米進口，並要求官員提出照顧農民權益的對策。（圖片來源／中央社）

少兩百多場，還有數次大型綜合性會談，各國相繼針對其重要出口農產品項目，提出關稅及非關稅之減讓清單，對臺灣農業的衝擊可想而知。一九九三年，GATT烏拉圭回合談判決議成立世界貿易組織（WTO），臺灣在一九九五年WTO成立後，繼續以「臺澎金馬個別關稅領域」名義向WTO叩關。為了安定農民的心，李登輝指示籌措一千億元，設置「農產品受進口損害救助基金」，加速國內產業結構調整，對進口農產品造成產業損害給予補償，降低加入WTO對農業的衝擊。一九九五年，李登輝又推動老年農民福利金（老農津貼），照顧農民老年生活。

3 全面照顧農民

農民健康保險

在五二〇運動之後，李登輝認為過去「以農養工」政策，剝奪了大量的農業部門資本，造成了農業的衰退，以及農民生活的困苦；加上貿易自由化的情勢，農業必然又會遭受損失，於是他決定全面推動農民的福利制度。

農民福利制度的首要政策，就是推行「農民健康保險」。臺灣早在一九五〇年，就制訂了《臺灣省勞工保險辦法》，對於勞工的傷病殘廢等意外，都有明確的保險給付規定，是為臺灣社會保險的濫觴。而一九五〇年後政府又陸續推出了「軍人保險」及「公教人員保險」，但當時從業人數最多的農業，相關社會保障卻付之闕如。人數最多的農民，不但無法享有福利保障，甚至還要背負其他部門的福利預算，例如強制在田賦中附加繳納教育捐、國防捐及各種稅捐，而糧食局肥料換穀的盈餘，也被挪作其他部門的預算使用。所以七〇年代之前不僅是「以農養工」，其實也是「以農養軍公教」，對於農民來說非常的不公平。

在國家照護體系長期失衡之下，大多數農民只能自求多福。例如農民過去生病或者受到工作傷害的時候，經常面臨沒有錢看醫生的困境，造成許多因為延誤就醫而導致的傷殘廢疾者。在這裡引用臺大農推系（後更名為生傳系）教授蔡宏進在《追憶失落的農業與農家生活》中的紀錄，就可以大略知道農村的狀況：

> 農村的人治病的方法很多，也因為疾病有很多種。早前臺灣嘉南平原一帶的農村最多見的疾病則有三種特別需要加以說明：第一種是無牙；第二種是傷眼；第三種是壞腿。……
>
> 無牙的疾病多見於中年以上的人，而以老人更為普遍常見。無牙的年老農民與其對於牙齒的保養欠佳有關，蛀牙或牙痛時未能及時治療與補救，補牙的費用又高，牙痛就拔牙，因此很快就將全部或大部分的牙齒拔光。但農人都很堅忍，常見滿口無牙的老農，仍能啃咬硬甘蔗，直到實在無法進食時，不得不將口腔配上兩大片假牙，於白天及吃飯時裝上，於夜間睡眠時拆除，人

拔掉假牙時，整個嘴巴凹陷，突然變得更老。

農村傷眼的老農也不少，主要原因有三種：第一種是工作場所飛砂很多，很容易傷眼：第二種是洗臉用具不清潔，窮苦農家常是全家人或多人共用一條臉巾，或擦身與洗臉的毛巾同是一條，洗腳與洗臉的盆子同是一個；第三種是沿海村民長期使用含鹽分高的地下水洗臉，久之常會造成紅眼睛，甚至眼皮容易潰爛。到農村看到的老人眼睛不受傷害，還能保持明亮者實在不多。

壞腿的重要原因有兩種：一種是小時患了小兒痲痺症，造成一條腿萎縮，兩腳站立或走路會失去平衡，走路時會拐擺不穩；另一種原因是濱海鄉鎮居民長期飲用含砷成分偏高的地下水。遭砷中毒嚴重者，變成烏腳病，病到末期常不得不截肢。筆者小時有一次和家人到離家不遠的南鯤鯓寺廟拜拜，見到廟旁許多斷腿的乞丐，都是住在附近患有烏腳病的窮人，令我印象深刻，一生不能忘懷，感嘆世間竟有這麼多悲慘的人。這截腿的病患直到當地裝設自來水後才見改善。

上述無牙、傷眼及壞腿等疾病，都是因為工作傷害、生活環境不佳、衛生條件不足及公衛資訊不普及所造成的，這些病痛又因為沒有得到適當的醫療資源，導致更加惡化。再加上因為負擔不起醫療費用，只好向巡迴的賣藥郎中買來路不明的成藥，或者親友口耳相傳的民間偏方，甚至到廟裡求神拜佛，以喝符水等民間方式來治病，這些方式又對農民健康帶來其他的風險，可以說是處在一種「求告無門」的狀態。一直到今天仍有些長輩，還有聽電台買藥的習慣，或許就是在這樣的處境下養成的。

在「以農養工」的時代，農民一直得不到社會福利保障，一直到一九七二年之後，政府才逐漸解除農民的重擔，先是廢除肥料換穀、接著透過保價收購制度，給予稻農最基本的收入。不過這些都只是避免農業繼續傾頹的經濟政策，但關於農民的社會福利制度，卻遲遲沒有上路。一直到一九八五年十月二十五日，臺灣省政府才提出《臺灣省農民健康保險暫行試辦要點》，正式研擬推動農民健康保險，在四十一個區域進行試辦（區域以基層農會為單位），兩年後（一九八七年）又擴大到九十九個試辦地區，並將直轄市及福建省也納入施行範圍。

不過政府推動農保的進程太過緩慢，當時黨外的高雄縣長余陳月瑛感於農民生活的困苦，希望優先在高雄縣開辦農民健康保險，但是時任省主席邱創煥發公文「勸阻」高雄縣府，於是引發高雄地區農民的不滿。在五二〇運動之前幾天，高雄的「農民教室」就曾動員六百多位農民到南投的省政府去抗議，並且爆發了嚴重的警民衝突。而在五二〇運動當天，全面辦理農民農眷保險也成了農民團體首要的訴求之一。

就在社會抗爭給予的壓力、還有高雄縣長余陳月瑛登高一呼、加上總統李登輝銳意革新等因素之下，政府終於在一九八八年十月二十五日宣布全面試辦農民健康保險（一九八九年正式施行），在全國二九五個基層農會行政區域實行，並取消投保年齡上限，且開放符合一定條件的非農會會員投保，到了二〇二一年，臺灣大約有一〇二萬人加入農保。

正式開辦後的農民健康保險費率是六%至八%（一九九五年全民健保實施後，降至二．五五%，勞保費率則為十%），目前的月投保金額為一萬零兩百元，保險人負擔三十%保費，七十%由政府支出，所以換算成保費的話，目前每位農民每個月只需要繳七十八元的保費。

農保可以請領的給付項目有五項，分別是「傷害、疾病、生育、殘廢及死亡」，比方說農民生育的話，就可以請領二萬零四百元的給付；如果生病就醫的話，門診每天給予五十元，住院每天給予九百元的給付（大部分醫療給付已經併入全民健保）；往生的話，會給予十五萬三千元的給付，而如果是因為工作而過世，就能得到兩倍的給付金額。雖然給付金額無法跟一般的商業保險比較，但因為保費相對低廉，所以也確實給農民一定的社會保障。

九〇年代農民社會福利開始逐漸改善，直到今天改革的腳步也沒有停下來——二〇一八年農委會又追加了「農民職業災害保險」制度，投保辦法和農保一樣，保費每個月只要十八元，補足了原本農保所缺乏的「傷害給付」。只要是因為工作而受傷的農民，每個月都可以請領五千一百至七千一百四十元的給付，最多請領兩年。另外為了因應各種不可預期的天災，政府也在近年來擴大實施並完備「農業保險」制度，並針對各種不同作物設計保單，二〇二一年投保面積已經來到了十一萬公頃，協助農民平衡收益與災損。

二〇一二年，農委會主委陳吉仲突破萬難，正式推行「農民退休儲金制度」，加上前三項措施，自八〇年代開始發展的農業福利體系臻至完善。農民退休儲金制度裡，未滿六十五歲且具農保身份的農民，每個月繳納一定的金額（以勞工最低薪資為基準），政府就會提撥退休儲金至農民專戶，年滿六十五歲之後就可以領取退休金，領到八十五歲為止（在八十五歲前過世可由親人領完）。例如某位青年農民三十歲的時候投保，每個月繳納兩千四百元（勞工最低薪資的十分之一）保費，年資三十五年，這樣退休之後加上現行的老農津貼，每個月就可以領到三萬七千兩百四十五元的退休金。有了這些福利制度之後，農業也逐漸變成了一種有保障的職業，如此一來，就能讓年輕人更有意願投入務農的行列。

老農津貼

農民健康保險實施後，雖然農民獲得了最基礎的社會保險保障，但是年紀大一點的農民，不像勞工和軍公教人員退休之後還有退休金，老農民如果沒有繼續工作，除非由兒女奉養，否則晚年生活很容易發生困難。

李登輝認為這一群農民是戰後帶動臺灣經濟發展最具貢獻的一群人，同時也是被不平等的穀稅政策剝削得最嚴重的一群人，現在他們年紀都大了，是應該由國家來照顧他們了。不過由於農民跟勞工不一樣，農民幾乎都是自雇者，幾乎無法計算每位農民的工作年資及退休時間，所以政府乾脆就將農民的退休金跟農民健康保險脫鉤，以無差別的方式，直接發放津貼給所有符合資格的老農。

於是在一九九五年六月，在立法委員戴振耀與翁金珠等人力推之下，通過了《老年農民福利津貼暫行條例》，發給每位六十五歲以上的老農每個月三千元的津貼。之後每隔幾年，老農年金就會調漲一次，歷年調漲金額及相關規定如下：

◎老農津貼歷年實施情況

年份	金額（元／月）	備註
一九九五	三千	農保滿六個月即可請領
二〇〇四	四千	
二〇〇六	五千	
二〇〇七	六千	
二〇一二	七千	二〇一二年起，每四年依物價指數成長率調整金額 二〇一三年起實施排富條款。 二〇一四年將資格調高為農保需滿十五年以上
二〇一六	七二五六	
二〇二〇	七五五〇	

從上表可以看出，由於老農津貼的調整，一開始並沒有完整的計算方式，所以發放津貼很容易成為一種政治手段，選舉期間各黨都會競相加碼來討好選民；另外無差

別的發放，也會出現一些生活優渥的老農，卻也享有年金福利的狀況，徒然增加政府財政負擔。

李登輝退休之後，還是非常關心老農津貼的議題。他曾於二〇一一年接受訪問表示：「如果政府可以在其他方面節省一點，幫助這些生活困難的老農，他們過去認真打拼，幫助工商業發展功勞很大，這些人老了，也應該照顧他們。而津貼公平問題可以用限制來補強，例如排富條款等等，這都可以解決。」

確實近十年來，政府也陸續在改進補強津貼發放制度，先是將津貼調整的方式制度化，透過物價指數成長率來決定調整幅度（但如果物價指數成長為零或者負數，則不予調降）；再來就是實施排富條款，例如擁有兩棟以上住宅的農民（價值超過四百萬元），或者農業所得以外年收入在五十萬以上者，就無法領取津貼，但不溯及二〇一三年以前就在領取津貼的老農；另外也為了避免「短期內」加入農保領取津貼的長者，制度也調整成「需加入農保滿十五年以上」。

雖然老農津貼從一九九五年以後就一直是「暫行條例」，而且施行過程中也遇到需多問題，但經過二十六年來的補充修訂，相關規定越來越完善。二〇二〇年老農津貼請領人數大約在五十八萬人左右，人數逐年下降，而政府每年需支付五十二億的開銷。未來若是農委會推動「農民退休儲金」有成，讓福利津貼跟年金雙軌併行，農民退休制度將會更有保障。

減免水利會會費及工程費

從八〇年代起，臺灣農村就發生過大大小小「對抗水利會」的事件，例如雲林農權會就曾經多次向水利會抗議強制收取水租的程序不當，而五二〇農運的七大訴求之一，就有「廢止農田水利會會長遴選」一項。

李登輝曾經在一九七四年，擔任行政院政務委員兼農復會顧問期間，寫過〈當前農田水利會問題之研究〉一文，提及當時農民比較感到困擾的是水利會的「特別會費」（工程費），例如明德水庫興建，農民每公頃要負擔一萬五千五百九十元，相對於會費最高為一千八百元，明顯偏高，導致農民怨聲四起。有關水利會之改革意見，主要著眼點在於「減輕農民負擔，加強服務功能」對於水利會組織型態分改制與改進二種，並比較其優缺點。李登輝甚至在結論建議，由於水利會的財務與人事不健全的狀況，政府可以暫時接管兩年，並加以整頓，俟接管整頓業務完成後，視情況而決定農田水利會之改制、改進或農田水利事業區域調整問題。

到了八〇年代，社會運動風起雲湧，部份地區農民對於水利會的不滿，也成為了抗爭的焦點之一。一九八六年的夏天，韋恩及艾貝颱風過境，雲林稻農損失慘重，當時國民黨立委候選人廖福本承諾，當選後要減免農民的水利會會費（水租），但廖福本當選之後並未兌現承諾，雲林水利會只同意視受災情況「酌予」減免會員會費。當地農民在期望落空之下，新仇舊恨一次爆發，於是林國華號召農民們一起「抗繳水租」，共三千多人參與這次的運動，並且到法院控告廖福本散發不實言論，及雲林水利會會長陳新登瀆職。最終陳新登在壓力之下，承諾會展開普查，如果真的用不到水的農民，可以減免會費，另外在調查結束前，暫緩強制執行收取會費。

在雲林抗水租運動之後，水利會的制度改革，以及會費收取的公平性，也成為政治爭議的焦點。例如雲林農權會就曾經多次向水利會抗議強制收取水租的程序不當，而五二〇農運的七大訴求之一，就有「廢止農田水利會會長遴選」一項。一九八八年第二次全國農業會議上，就出現政府補助水利會會費七十%的建議，到了一九八九年，民進黨彰化縣長周清玉當選之後，提出減免縣內所有水利會會費政策。一九九〇年，政府依全國農業會議建議，為減輕會員負擔，農田水利會之會員會費由政府補助七十%，農民負擔三十%，隔年再提高政府補助額度為九十二點二二%，抽水灌溉費全額補助。

一九九二年，嘉南水利會受水利小組委託將水利小組費併入會費徵收單一起徵收，依農田水利會組織通則規定是會費可強制徵收，但未規定水利小組費水利會有強制徵收權限。律師蘇煥智替臺南六甲抗繳水租的農民打官司，免除了當地的水利小組操作費。

在諸多的政治與社會的促請下，加上立委林聰明、戴振耀及邱連輝等人在立法院裡面奔走推動，一九九三年立法院通過修正《農田水利會組織通則》，明定農田水利會之會員會費由中央政府全額補助；政府另以經費補助雲林、彰化等六個財務困難的水利會。於是自一九九四年起，水利會不需再跟會員收取費用，等同免除所有會費，正式解決了長期困擾臺灣農民的水租問題。

肥料自由化

肥料的施用會影響到農作物的生長情形及產量，所以對農民來說，肥料是絕對不可或缺的資材之一，因此我們回顧肥料管理政策的演變，就可以看到農業發展與國家政策的關係。

臺灣在一九二〇年代以前，大部分農民都使用自製的有機肥料，例如人畜的糞便或者植物堆肥等等。在一次世界大戰之後，化學肥料的技術迅速發展，製糖會社為了提高產能，開始鼓勵蔗農使用化學肥料；另一方面，新品種的蓬萊米價格較高，農民於是開始嘗試施用化肥以提高蓬萊米產量，到了一九三〇年代，化學肥料的使用來到了新的高峰。中日戰爭爆發之後，由於化肥原料是戰備的重要資材（化肥原料可以做成火藥），所以總督府制訂了《肥料配給統制規則》，並成立肥料委員會來統一掌控肥料的運銷。

戰後初期，行政長官公署政府一方面接收了日本遺留下來的化肥工廠，成立了「臺灣肥料製造公司」，延續戰爭期間的肥料統籌制度，統一集中肥料供銷業務。到了一九四九年，政府實施「肥料換穀」制度（請參考「廢除肥料換穀」一節），強制用化肥跟農民交換大量稻穀，以維持軍胥民食的穩定供應。當時農民手上多了大量的化肥，加上美援的農復會積極推廣化肥使用，在全臺各地設立了數百處的「肥料示範田」，大力宣傳化肥的優點，臺灣的化學肥料使用，從一九四七年每公頃施用〇．一公噸，逐漸增長到了一九九一年的每公頃一．二五公噸，四十幾年間用量足足成長了十倍以上，關於臺灣農業化肥施用的變化，請參閱下表。

年份	單位面積施用化肥（噸／公頃）	備註
一九四七	〇・一〇五	
一九四九	〇・一〇八	實行肥料換穀
一九五九	〇・三一四	
一九六七	〇・四六二	該年史上農產種植面積最高
一九七三	〇・六六一	廢除肥料換穀
一九八五	一・〇三九	每公頃化肥用量突破一公噸
一九九一	一・二五一	
一九九六	一・三九四	肥料自由化政策
二〇〇四	一・六二二	該年肥料單位面積施用量最高
二〇〇八	一・三九六	
二〇一九	一・一六六	

資料來源：行政院農委會農糧署

在肥料換穀制度施行的時代，化肥是由糧食局統籌管理，肥料的價格均由政府所掌握。一九七三年廢除肥料換穀之後，政府一度開放肥料自由買賣，但因為供銷系統混亂，市場一度大亂。於是政府立刻又收回自由買賣的政策，改採統一供銷制度，亦即不分公民營的肥料產品，一律由政府訂定價格，並統一配銷，農民僅能從糧食局、台糖公司、農會、菸酒公賣局或青果合作社等機構來取得化肥。

另外政府推動了「化肥宅配到府」的服務，補助運費，直接配送肥料到各地農家。雖然看起來是很好的政策，不過雲林農權總會的農民回憶當時配送政策，政府是以強制分配的方式來配送肥料，不管農民的種植需求及種類，時間一到就把特定化肥直接堆到家門口，農民只好再設法透過黑市廉價交換出售，徒增許多困擾。

由於台肥長期處於獨佔地位，造成農民怨聲不斷，加上過去對肥料換穀的負面記憶，因此五二〇運動當中，雲林農權會喊出了「化肥自由買賣」的訴求，讓化肥供銷成為一項亟待改革的議題；另一方面，在九〇年代中期，政府為了因應自由化貿易的需求，必須降低國營企業的佔比，於是在一九九六年先開放化肥自由買賣，接著在一九九九年將台肥轉為民營企業，達成了五二〇運動的訴求。台肥在轉型之後，也轉投資到海洋深層水及組成「台農發公司」等子企業。

但化肥自由買賣以及台肥民營化之後，因為原料受到國際石油價格波動強烈影響，生產成本逐漸上漲，政府為了避免農民負擔不起漲價費用，訂定了制訂「肥料政策調整方案」，規定在二〇〇二年之前，肥料每年漲幅不得超過六%。接著在二〇〇八年國際原料價格上漲之際，追加實施「漲幅價差補貼」政策，化肥供銷反過來變成了福利政策。

不過補貼價差並非長久之計，臺灣農業自化肥普及之後，農民為追求產量，就出現了「過度施肥」的現象，可能造成成本浪費、土地污染甚至是食品安全等等問題，於是農委會自一九九八年開始，就一直在推動合理化施肥計畫，輔導農民精準掌控化肥用量，並鼓勵使用有機肥料與種植綠肥作物等等方式，來降低化肥的用量，目前臺灣單位面積的化肥使用量也是在逐年降低當中。

社區總體營造

臺灣農村的問題不僅只是在物質經濟的層面，在六〇年代經濟轉型之後，由於農村青壯人口外移，農業傳承出現斷層，城鄉發展極度不均衡，連帶也造成到了農村文化的失落。李登輝其實一直都有關注這些問題，一九九〇年在受訪的時候（見農復會一節），就有提到早年農復會的政策忽略了文化層面，導致目前農村經濟大有改善，卻出現「文化生活水準很低」的現象。

李登輝也是最早提倡文化建設的政治人物之一，他在臺北市長任期內，最特別的貢獻就是推動了別開生面的「音樂季」與「藝術季」等文化活動——一九七九年委請臺北市立交響樂團團長陳暾初規劃「臺北市音樂季」，舉行了為期二十天的二十六場演出，包含了各式古典音樂、芭蕾舞、國樂、歌劇，以及室外露天音樂會等，獲得臺北市民熱烈迴響。

李登輝因為熱愛歌劇《浮士德》，邀請聲樂家吳文修來演出，又怕觀眾看不懂《浮士德》的內容，自己花了三個月的時間，將劇本翻譯成中文，輸出成字幕給觀眾看。隔年，音樂季增加了舞蹈演出，擴大為「音樂舞蹈季」，邀請「雲門舞集」到青年公園做開幕表演，李登輝也一起坐在台下草皮跟大家一起看表演。一九八一年，再增加戲劇項目，定名「藝術季」，各類型演奏會增加到七十幾場，成為當時藝文界的一大盛會，也是地方政府推廣文化活動的一大創舉。

到了九〇年代，李登輝有感於當時臺灣社會雖然經濟上很富裕，但文化心靈卻非常貧瘠，農村的生態環境、情感認同也非常低落。於是李登輝大力支持陳其南等人推動「社區總體營造」的工作。社區總體營造概念是來自於一九七〇年代的日本，當時日本曾經經歷過很強大的社會運動，例如反安保運動等，很多參與運動的青年開始思考日本社會需要什麼，他們發現鄉村地區的發展與都市有很大的落差，於是開始投入地方振興的工作，即所謂的「造町運動」，有別於公部門由上而下的政策，這個運動主張居民才是主體，居民可以凝聚起來參與社區的公共事務，改變地方的發展方向，創造地方的重生契機。這套理念傳入臺灣，就變成了九〇年代臺灣的「社區總體營造」政策。

李登輝也接受到了這樣的新觀念，他在《經營大臺灣》一書中，提到文化建設必須從「對鄉土有情、社區有愛」做起，就是社區營造的思考方式。於是文化建設委員會在一九九三年發表報告，提出「社區共同體意識」等概念，有別於過去社區建設總是造橋鋪路，投資在硬體工程上，李登輝放眼的的是一種「本土化運動」，透過社造帶動社區居民的參與感，進而達到認同土地、認同故鄉的改變。

社造運動也促成了臺灣各地農村開始「動起來」，除了鼓勵居民挖掘地方的鄉土故事之外，也開始找尋地方的特色文化及農工產品，例如宜蘭五結鄉大二結地區為了保存王公廟舊廟建築，動員全部居民舉行「千人移廟」活動，留下了珍貴的社區記憶，後來社區也持續舉辦二結文化節，保存傳統文化。

另外一個屏東林邊鄉的社造案例，跟李登輝也有一些淵源，林邊過去因為地勢低窪，土壤鹽化嚴重，所以居民大多從事養殖漁業，或者出外到高雄工作。當時有一名農民嘗試種植一種南洋種的蓮霧，沒想到這種蓮霧很適應鹽分土壤，長得又大又甜，所以又叫做「鹹水蓮霧」，而一名最早改良蓮霧品種的農民鄭介石，則稱呼他的蓮霧叫「黑珍珠」。一九八三年，李登輝在當省主席的時候，來到林邊鄉訪察，他來到農民鄭介石的「黑珍珠」果園試吃蓮霧。李登輝品嚐之後，大為讚嘆：「這是我所吃過最大最甜的蓮霧！」於是「黑珍珠」的名聲不脛而走，甚至成為了蓮霧的代名詞。

九〇年代之後，有一群關懷地方生態的有志青年，組成了「林邊文史工作室」，後來更組成了「林仔邊自然文史保育協會」，開始進行掃街、淨灘、潮間地帶保育，以及認養綠化河堤公園等活動，還舉辦林邊蓮霧節，創造了地方品牌認同感。八八風災之後，林邊鄉受到重創，社區組織發揮了極大的功能，從房屋建築的重建工程、急難救助、災後心靈療癒等工作，社造工作者與居民同心協力，互助走過這段艱困的歲月。

從李登輝與陳其南在一九九四年推動社區總體營造後，至今將近三十年，各地社造也不斷在學習與進步，目前已經來到「社造四．〇」的版本。不過由於社區工作往往要深度參與地方傳統的人情網路，難度很高，而且因為社造的成果，很多都是抽象的，不容易看到具體效益，所以需要花費很多心力跟時間去擾動居民與陪伴居民。希望未來農村的心靈工程，能像農民栽培果樹一樣，讓根系穩健、枝繁葉茂，終至開花結果。

【農會】

顧名思義，是由農民所組成的民間團體，不過在很長一段時間，農會也具有官方色彩，在推動各式農業政策上，扮演了非常重要的角色。

臺灣的農會最早是由日本人創設，一九〇〇年的時候，由當時的區域行政機構「大嵙崁辨務署」成立「三角湧農會」（管轄範圍約為今天的新莊、樹林、三峽、鶯歌一帶），具有「協助當局徵收地租、改良耕地、獎勵養豬養魚」等目的，是一種官方扶植成立任意性的農業團體。

不過到了一九〇一年，臺灣總督兒玉源太郎將各地的辨務署裁撤，全臺行政區改成二十個「廳」（等同縣市的行政單位），於是三角湧農會被裁撤，取而代之的是各廳成立的農會，例如一九〇一年成立的新竹廳農會（臺灣現存最早的農會）及一九〇二年彰化廳成立的彰化廳農會等等。到了一九〇八年，臺灣已經有十七個農會，於是總督府制訂了《臺灣農會規則》，正式將農會法制化。這種廳設農會其實是一種準官方機構，經常用以執行國家的農業政策。

同時臺灣也出現了「產業組合」，起初是由民間所自發的經濟合作組織。一九〇二年的時候，澎湖首先組成「媽宮產業組合」。產業組合不限於農業，許多中小企業主也會相互結社合作。後來總督府在一九一三年制訂了《臺灣產業組合規則》，將產業組合法制化，同時官方也積極在全臺各地扶植產業組合，到了一九一七年的時候，全臺灣已經有了一二六個產業組合。

一九三〇年代中期之後，日本邁入軍國主義的時代，政府需要嚴密掌握農村的生產情形，於是鼓勵農民加入產業組合（原本只有大地主或富農才有能力加入），到了一九三八年，中日戰爭爆發之後，全臺農家已有六十五．七六%加入產業組合。當時產業組合分成信用（儲蓄借貸）、販賣（共同運銷）、購買（生產資材及日用品）、利用（共同使用）四種類型，其實就是目前農會信用部、供銷部及推廣股等各部門的前身。

一九四三年十二月，當時正值太平洋戰爭時期，日本總督府為了控制全體經濟組織，就制訂《臺灣農業會令》，將上述臺灣各地的農會、產業組合及所有農業團體全部合併起來，組成新的「農業會」，並劃設一個最高的「臺灣農業會」、八個「州廳農業會」，以及三一四個「市街庄農業會」，形成了「三級農業會制度」，這個制度也是目前臺灣三級農會的前身。合併後的農業會，雖然名為法人，但實際上是由國家所掌控，農業會的會長都是由政府首長兼任，理事也是由官方任命，成為了執行戰爭時期經濟統制（糧食徵收配給等事務）的基層行政機構。

戰後初期，臺灣省行政長官公署保留了戰爭時期農業會的組織，並將理監事會改由會員大會選舉產生。但由於農業會是一九四四年的時候合併產業組合（合作社）跟農會而來，這兩個組織有不同的目標功能，所以一九四六年四月，農林處將農業會切分成農會跟合作社兩個系統，不過在分家的過程當中，兩個系統因為財務及權責劃分而產生諸多糾紛，最終一九四九年二月，臺灣省政府決定再將兩個系統合併起來，一九五〇年二月四日臺灣省農會改組完成。就這樣，歷經整個四〇年代的分分合合，現行的三級制農會於焉誕生。茲將上述複雜的農業行政組織變化過程整理成下表：

◎臺灣農會行政組織變化表

年代	行政層級		
	全島	州廳	市街庄
一九〇〇—一九二三	臺灣產業組合協會	廳農會	市街庄產業組合
一九二三—一九四三	臺灣農會／臺灣產業組合聯合會	州廳農會	市街庄產業組合
一九四四—一九四五	臺灣農業會	州廳農業會	市街庄農業會
	省	縣市	鄉鎮
一九四五年十月	臺灣省農業會	縣市農業會	鄉鎮農業會
一九四六年	臺灣省農會／臺灣省合作社聯合社	縣市農會／縣市合作社聯合社	鄉鎮農會／鄉鎮合作社
一九五〇	臺灣省農會	縣市農會	鄉鎮農會
二〇一三	中華民國農會	縣市農會	鄉鎮農會

參考資料：丁文郁、胡忠一等《臺灣農會史》臺北，中華民國農訓會，二〇一二。

不過很多原本產業組合的成員當中，許多人是工商服務業的從業人員，所以合併後的農會，職業組成非常複雜。為了全面解決臺灣農會經營危機，農復會從美國聘請了學者安德森（W. A. Anderson）來臺灣考察，作成了《臺灣之農會》等報告，提出多項建議。行政院再根據安德森的建議，於一九五二年八月發布《改進臺灣省各級農會暫行辦法》進行農會制度與組織改革，其中改進項目有幾項重點：

1定義農會為職業團體，兼具經濟、社會、政治及教育等多項功能。

2會員分成會員與贊助會員。非農民只能加入贊助會員，每戶限一名會員。

3由農民代表大會選出理監事，並由理事長聘任總幹事，作為農會主管。確立理事長與總幹事之間權能分立的制度。

4農會員工不得以農會名義支持任何候選人。

5農會的經費來源為會員繳納的「股金」，每名會員至少認購一股（鄉鎮農會一股為三十元，縣市農會一股為一百元）。會員每年可分得盈餘的「股息」。

6農會總幹事底下，設有總務股、會計股、供銷部、信用部及推廣部及保險部六個部門。

農復會改良的制度裡，賦予了「總幹事」比較大的權責，近似於美國的「總經理」制度，與原本日本創制的農會及產業組合有很大的不同。這樣的改良，可以讓理事會聘任專業專職的經理人（總幹事），且能平衡理事長的權力，增進了農會的行政效能。而這套由農復會改良的辦法，除了股金制於一九七四年被廢除外，其他架構大致上一直沿用到今天。

由於農會的法源一直都是「暫行辦法」，到了一九七四年，於是政務委員李登輝來召集《農會法》的修法會議。不過行政院的草案送交到立法院的時候，卻引發了「股金存廢」的爭議。

原來部分的立法委員認為，農會與工會、商會同性質，所以收取股金並不合理；另外農會為了避免被課徵所得稅，從未發放股息，對於農會會員來說十分不公平。所以經過立法院內一番討論後，決定在一九七四年修法公布的《農會法》，刪去股金制度，另行規定農會必須提撥六十%的盈餘作為推廣、訓練及文化福利事業費用。

不過當李登輝知道立法院將股金制度廢除之後，非常扼腕。他認為股金是促進農民會員認同感，每位農民都是股東、一人一票，每個人都有參與會務的權利，也連帶負起了組織的責任跟義務，一旦廢除掉股金制度後，農會就不再是屬於農民共有的合作組織，而會變成單純的職業及政治團體，這樣對農會發展來說是很不利的。後來確實如李登輝所預料，廢除股金後，農民會員對於農會的認同感低落，逐漸退出參與農會事務，農會就彷彿變成另一種單純的地方產業團體（或金融機構），種下了日後農會金融危機的隱患。

第五章
永恆的改革之路

1999 年，李登輝在即將卸任總統的前夕，出版《臺灣的主張》，回顧一生思想歷程、政治哲學及對國內外局勢、臺灣農業發展的看法。

圖片來源：聯合報

1 農地自由買賣

五二〇運動除了農民權益與農政改革之外，還有一項「農地自由買賣」的訴求，比較具有爭議。當時雲林農權會提出來的時候，山城農權會對於這項訴求並不以為然，這項訴求甚至成為了「農權總會」及「農民聯盟」分裂原因之一。

其實「農地自由買賣」這說法太過簡略，過去農地是可以買賣的，但只限制賣給自耕農，且農地不能任意分割或移轉，即「農有農用」原則（管地又管人）。但是由於時代變遷，七〇年代之後都市不斷擴張，有一些農民希望土地可以自由轉售（管地不管人），讓非農民也可以購買，這樣賣地的價格會比較高一點。獲得賣地的資金後，就有機會脫離辛苦的務農生活。關於這樣的現象，社會學家黃樹仁在《心牢：農地農用意識型態與臺灣城鄉發展》有詳細的說明：

農業收入相對偏低，更使農民售地離農或變更農地他用的意願十分普遍。綜合後果是，臺灣農地已普遍被視為準城鎮用地，被認為遲早會變成城鎮用地。因此，城鎮地價高漲，農地價格也就跟著水漲船高。這是為什麼一九七〇年代以來，臺灣多數農地的價格已非由其農業使用價值所決定，而由其轉移非農業用途的預期價值所決定，決定農地價格的，不是事關農業生產的地力肥瘠，而是與城鎮的遠近，也就是轉移非農業使用的展望。因為多數農地事實上都在城鎮郊區，農地價格也就普遍高漲至類似城鎮用地的高價。

所以不同地區的農民，對於農地的訴求就有所不同——由雲林農權會代表的中南部平原農民，都市近郊的農地價格越來越高，農民賣地的意願也就比較大；而山城農權會是以山區或偏鄉的果農為多，土地開放自由買賣對他們沒有幫助，因此他們傾向維持農地農用的政策。在這樣的情形下，就形成了農民團體之間的路線分化。

有些主張開放的理由是因為九〇年代的「農業金融危機」，當時基層金融機構如農會信用部及信用合作社等，因為管理不善，超貸及呆帳等情形十分嚴重。其中「彰化四信」曾在一九九五年因總經理葉傳水違法虧空一案，爆發嚴重擠兌事件，隨後臺灣各地基層金融機構例如中壢市農會、新豐鄉農會、楠西鄉農會、觀音鄉農會及鹽埔鄉農會等機構，也陸續發生擠兌的現象。九〇年代末期，共有數十家農會發生異常提領事件，代表基層的金融機構出現管理上的重大問題。

為了補救農會信用部呆帳的問題，「老農派立委」[56]主張：既然農民大多數是用農地作為抵押，那麼開放農地自由買賣、且開放讓非農民興建農舍，農地價值自然翻倍，如此就能解決農會信用部的呆帳問題。所以從一九九七年的時候，老農派立法委員就不斷向行政院施壓，要求修法開放農地自由買賣。

與此同時，一九九七年三月爆發了豬隻口蹄疫疫情，徹底重創臺灣的養豬產業[57]，中興大學農學院院長彭作奎臨危授命，入閣擔任農委會主委，要來挽救口蹄疫的疫情。彭作奎與李登輝是舊識，他的碩士論文口試委員正好是李登輝，彭作奎到農復會就職之後，也經常和時任農復會顧問的李登輝討論農情。

彭作奎上任後，除了處理口蹄疫問題，也立刻面臨到了老農派立委施加的修法壓力。但他主張：「沒有農地就沒有農業，沒有農業就沒有農民。農民的利益應著重在農地經營農業而得的利益，而非賣農地賺取的所得。因為，農地賣掉後，他就不再是農民了。」

彭作奎同時也主張，農會信用部的呆帳問題應該另以「金融重建基金」來解決，而不是以拉抬農地價格來應對。如果要開放非農民買賣農地，那麼一定要嚴格管制農舍，比方農地買賣之後，新地主不得立刻建造農舍，若有居住需求，就要另外覓地興建「集村式農舍」。假使沒有守住「賣地後禁建農舍」這一原則，那麼開放農地買賣

56 老農派泛指一些國民黨農業縣市的立委，例如林錫山、王金平、蘇火燈、林國龍、曾振農、許舒博、廖福本、曾蔡美佐、林進春、伍澤元、翁重鈞及洪玉欽等人。但老農派不是一個實質的派系，也不是指特定對象，比較像是地方派系出身的政治人物總稱。

57 當時有人從中國（口蹄疫疫區）走私豬肉到臺灣，導致口蹄疫大爆發，全臺灣共四百萬隻豬隻遭到撲殺，豬肉外銷因而中斷，農產損失高達一千七百億元。

就會如同「打開潘朵拉的盒子，後患無窮」。

「集村式農舍」就是規定農民如果要蓋房子，不能直接蓋在農地上面，要集中蓋在同一塊土地上，像一個小型社區那樣。一方面是可以維持農村良好的景觀，另一方面可以保持農地完整性，有利於推動規模化的農業經營模式。

起先，一九九七年立法院提議修法的時候，行政院是以保守的態度來回應，行政院長蕭萬長也認為開放農地買賣茲事體大，必須謹慎修法，並尊重農委會的意見。修法的爭議延續到隔年，一九九八年九月十日，國民黨於革命實踐研究院中興山莊（木柵再興中學旁）召開黨政協調會，由李登輝親自主持會議。會前李登輝先找彭作奎私下討論，彭作奎憂心地向李登輝報告立法院施壓的情形，李登輝則向他承諾，會主動和這些老農派立委溝通。

果然在協調會上，老農派立委連番開砲，高聲要求儘速通過修法。李登輝沒有等到立委們發言完，主動表態回應：

千萬不要讓企業與法人炒地皮，農地開放自由買賣是希望農區擴建後，以引進資金、技術，帶動農業發展。政府已釋放二十八萬公頃土地，台糖也釋放一萬公頃土地，這些完全沒有使用限制，可是申請都還沒滿；在彰化等地區的都市更新中，非都市用地也納入都市用地；剩下的七十幾萬公頃，應該農地農用，蓋農舍、分割，將失去本來目的。

這個問題不是現在的問題，而是二十年、四十年以後的問題，應該為後代子孫考慮，農業不是落後產業，而是尖端產業，土地資源很重要。

接著李登輝講述他在農復會任職的時候時期，曾經力阻台塑收購雲林濱海農地的那段故事（參閱前述）。最後他當場說出：

我跪下來拜託大家，把觀念轉過來，有人說要帶農民遊行，我也可以如此（帶農民上街頭），眼光要看遠一點，不要再說了。我四十歲時對農民的愛，現在還是愛！

總統兼黨主席說出如此重話，在場老農派立委頓時安靜下來，但立委們還是充滿怨氣，所以委由立法院副院長王金平傳紙條給李登輝，表示將「繼續協調」，於是李登輝決定會議先暫時告一段落，日後再慢慢進行協商。當時第四屆立委選舉也正如火如荼開展，李登輝四處積極下鄉輔選，暫時壓下了老農派立委的反對聲浪。

一九九九年，國民黨內部因為隔年的總統大選分裂。臺灣省省長宋楚瑜不滿李登輝在一九九六年勝選後決心推動「凍省」，在九七國大修憲期間，不斷砲打中央，最終在一九九九年七月宣布參選總統，導致二〇〇〇年的總統大選形成陳水扁、連戰及宋楚瑜三強鼎立之勢。

但宋楚瑜的參選，打亂了連戰的選情，中南部的地方派系找到機會，開始跟中央開條件喊價。九月的時候，老農派立委與蕭萬長開會，紛紛對中央放話：「如果農發條例沒有通過，連戰就不用選了」及「中南部農民都要改投宋楚瑜」等語。同時陳水扁及宋楚瑜陣營也表態「支持農地自由買賣、農舍興建要適度放寬」，帶給國民黨內部極大的壓力。在選舉壓力之下，李登輝判斷連戰中南部的選情告急，決定妥協；彭作奎則在一九九九年十一月三十日宣布辭去農委會主委，由林享能代理主委。

一個多月後，二〇〇〇年一月四日，立法院通過修正《農業發展條例》修正案[58]，放寬農地自由買賣，且買賣後可原地興建農舍。自此從五二〇運動提出農地自由買賣的訴求，經過多年爭議後終於落實。

修正案通過之後，有些地方如同彭作奎所擔憂的，大量土地仲介開始收購農地，尤其是二〇〇六年國道五號開通之後（蔣渭水高速公路、俗稱「雪隧」），短短十數年間宜蘭興起了「農舍」的建造熱潮，至二〇一五年，宜蘭農村暴增了約七千六百座「農舍」，佔地一千七百公頃，對宜蘭農業環境造成了很大的影響。而縣政府管理農舍的相關法規，是否加嚴或鬆綁，也左右了當地的政治情勢，直至今天農舍管理政策仍擾攘不休。

58 當時新黨全黨反對修正案，堅持農地農用；而民進黨內部則支持與反對各半，後來民進黨採取折衷的「蘇煥智版本」。不過新黨與民進黨都是國會少數，兩黨加起來八十一席（民七十、新十一），輸給國民黨的一二三席，不影響最後表決結果。

2 農業金融改革

五二〇運動的其中一項訴求是「廢止農會總幹事遴選」，代表當時農民對於農會選舉程序感到不滿，不過農會制度的問題盤根錯節，如同農地問題一樣，很難大刀闊斧進行改革。後來在種種制度缺失之下，基層金融單位開始爆發一連串的擠兌現象，農漁會信用部內部管理出現了極大的問題，導致二〇〇二年的農業金融改革與政治風暴。

農漁會信用部與一般商業銀行最大不同，在於必須承擔風險較高的農地貸款，且缺乏適當的監督與制衡機制，加上一九九〇年的經濟泡沫——股市衝上一二六八二點後，數月後泡沫又隨即破裂，股市劇烈變動推升房地產市場，更讓部分資金流向農地炒作；農地價格暴起暴跌，造成了以農地貸款為主的農漁會信用部，出現了超貸及周轉不靈的現象。

一九九五年九月，中壢市農會因違法超貸爆發擠兌事件，當時中壢市農會放貸的八十億款項，竟有五十六億是不良貸款（呆帳），比例將近七成，讓財政部官員大嘆「打破世界紀錄」。中壢農會總幹事謝乾生被檢方收押後，立刻引發擠兌風暴，一百多億元被擠兌到只剩四十幾億元，最終由中央政府出手收拾爛攤子，決議由臺灣省農會合併中壢市農會，概括承受所有不良貸款。

中壢市農會擠兌事件後，農業金融依然亂象叢生，截至一九九九年三

▲一九九五年中壢市農會出現擠兌風波，尚未領取存款的民眾抱著包包，憂心忡忡的等待領取現金。（圖片來源／中央社）

月止，全臺灣共發生三十家農會信用部異常提領的事件。到了二〇〇二年六月，農漁會信用部平均逾期放款比率來到二十一．四四％（二〇二二年四月我國農漁會信用部逾放比為〇．三％），足見農業金融問題之嚴重。

二〇〇〇年政黨輪替，剛執政的民進黨政府有感於農漁會信用部沉痾已久，決心出手整頓，於是制訂了《金融機構合併法》及《行政院金融重建基金設置及管理條例》，作為整頓基層金融機構的法律依據。二〇〇一年八月到二〇〇二年七月之間，財政部透過中央存保公司強制接管了三十六家的農漁會信用部（兩家漁會及三十四家農會，移交給臺灣銀行及華南銀行等七家銀行）。不過，由於執行時間十分短促，引起部分被接管農會的抗爭；且由於農業的融資擔保品大多是農地，由商業銀行接管後，能否維持過去農漁會信用部一樣的放貸標準，也引起農民的極大疑慮，民間陸續出現不滿的聲音。

二〇〇二年八月，政府希望進一步控制農會金融業務，提出「農漁會信用部分級管理措施」，就逾放比率，將各地農漁會分成三種等級，進行不同程度的業務限制。整體遭到業務限制的農會預估有二五三家，佔全臺農會的七十八％之多。政策一發佈，立刻引發了全臺灣農漁會及農業界人士的強烈抗議，認為政府此舉是要「假金融改革之名，行消滅農、漁會信用部之實」。

雲林縣為臺灣的農業大縣，當政策發佈後，旋即引起雲林各級農漁會反彈；同為雲林人的中華民國農民團體幹部聯合訓練協會（簡稱農訓協會）出版處長丁文郁建議，農漁會可透過管道向出身農業界的李前總統陳情，相信他一定了解農漁會在臺灣的存在價值與重要性。李登輝接到消息後，大方應允會見農會界代表，於九月十日在寓所翠山莊與五名農會總幹事，分別是古坑鄉農會袁靖雄、麥寮鄉農會許丕修、斗南鎮農會張有擇、左鎮鄉農會莊轉心、杉林鄉農會溫啟學、以及農訓協會秘書長陳明吉、丁文郁等人見面。與會人士向李登輝提出「因應金融改革農漁會信用部之主張」的說帖：

1 多數農民只有農地作為融資貸款的擔保品，但因農地放貸風險高，一般商業銀行不願承受以農地為擔保品的融資，農漁會信用部是替所有金融機構承受以農地為擔保品的貸款風險。

2將近一百多個、約佔全國三分之一的鄉鎮地區，除了農漁會信用部以外，沒有其他金融機構；假使沒有農漁會信用部，偏鄉居民將失去金融服務[59]，影響甚鉅。

李登輝仔細聽取簡報後，對農漁會的訴求給出極為正面的回應。根據丁文郁回憶，李登輝首先略帶歉意說，卸任後他致力於協助安定政局、促進經濟發展，對農業議題有所忽略，經由剛才的簡報，他已了解農漁會信用部經營風雨飄搖，讓農漁會面臨覆滅危機。

李登輝並進一步說，他自服務農復會以來，歷任多項公職，但只要是與農業政策有關的施政，都有賴農漁會的協助，他充分了解農漁會存在的重要性與價值。李登輝還比喻，信用部宛如「農漁會的心臟」，人沒有心臟不能活，沒有信用部的農漁會也終將傾覆，知道農漁會面臨如此嚴重的生存危機，他當然要幫忙講幾句公道話。

丁文郁立刻向李登輝提出邀請，希望他能撥冗出席九月十二日「全國農漁會第二次共識大會」，就政府信用部改革政策發表看法。沒想到李登輝一口答允，當天也真的在演講時，痛批財政部要以政策消滅農漁會信用部，並直言批評扁政府以商業銀行接管農漁會信用部，「好比將牛牽入豬稠，根本行不通。」李登輝甚至說，雖然他已經快八十歲，但還有三、四十歲的體力，隨時可以和農民一起走上街頭。

事實上，農業金融是李登輝長期關注的問題，早在農復會時期，他就提出過「農業金融體系應該獨立於一般金融體系之外」主張，認為商業銀行的貸款條件限制，對於以農地借貸的農民相當不友善。一九七二年，李登輝以〈農業生產專業化與農業金融〉為題，在《豐年》雜誌發表文章，強調因應農業生產結構調整、加速農業現代化，農業金融體系至關重要。後來在他出任行政院政務委員時，依據農會法授權於一九七五年由行政院訂定發布了〈農會信用部業務管理辦法〉，使農會信用部的管理

59 金管會二〇〇七年之後，每年都公開「金融服務欠缺地區」資料，計算標準為「無本國銀行或信用合作社」且「平均每一金融機構（含農漁會及郵局）服務人口數高於全國平均數」。根據統計，二〇〇六年共有高達一五五個鄉鎮區。

農業生產專業化與農業金融

——農復會農業經濟組組長 李登輝

豐年半月刊
台北市伊通街106巷27號
HARVEST Farm Magazine
27, Lane 106, I-Tung Street
Taipei, Taiwan

• 本刊每月1日，16日出版。
• 省內定價，每本3元。
• 全年（24期）訂費60元，
2年100元，3年140元。

第22卷第10期（中華民國61年5月16日）要目

▲一九七二年，時任農復會農業經濟組長的李登輝，在《豐年》發表農業金融等文章。
（原文刊載於《豐年》第二十二卷十期）

及業務有了法源依據。

二十餘年後，面對臺灣首次政黨輪替後，新政府銳意推動農業金融改革，李登輝主張，政府要照顧農民，不是裁撤農漁會信用部，而是應該制定《農業金融法》，由政府與農漁會共同投資成立「全國農業銀行」，其中四十九%股權由政府出資，五十一%由農漁會出資，也可考慮開放讓一般農民認股投資。李登輝並說，可以思考恢復農會的股金制度，將農會重新定位為農民的合作社組織。

九月廿三日，李登輝在出席臺聯活動時，以罕見嚴厲語氣提醒陳水扁總統，「如果沒有好好照顧農漁民，連政權攏會沒去！」他也分析農漁會信用部逾放比過高的七大原因，包括人謀不臧、農地使用及管理制度限制、轉銷呆帳制度差異等，認為信用部出問題，財政部也有管理的責任，不能完全推卸給農漁會，政府應該重新檢討改革方案。不過，陳水扁推動改革的決心也很強烈，隔天在媒體前公開回應李登輝：「有人勸說政府不要推動改革，否則可能失去政權，但我要告訴大家，若不推動改革，更會失去政權！」

然而李登輝登高一呼，在輿論上確實發揮了極大影響力，財政部在社會壓力下，分別於九月十三日、十月二十一日及十一月十五日，針對信用部分級管理措施，不到兩個月時間就進行三次大幅度修正，卻仍無法取得農漁會界認同。全國農漁會自救會積極動員各級農漁會員工及農漁民，醞釀在十一月二十三日發起「與農共生——全國農漁民大遊行」表達訴求。

隨著民間反對的聲浪越來越高漲，民進黨執政的南部縣市首長也感受到壓力。

十一月十七日，陳水扁在官邸與嘉義縣長陳明文、臺南縣長蘇煥智、臺南市長許添財、高雄縣楊秋興及屏東縣長蘇嘉全等南部五縣市首長會商後，行政院當晚召開記者會，宣布農漁會信用部分級管理措施暫緩實施。

不過，全國農漁會自救會隔天（十八日）仍照計劃舉行遊行前誓師，李登輝特地前往現場致意，希望說服農漁民不要再上街頭，然而為時已晚。當時擔任全國農漁會自救會執行秘書的顏建賢回憶，李總統見政策已有轉圜，積極介入協調，希望能取消遊行，然而動員能量已經集結，主辦方只能盡力降溫；例如原本有農民準備好臭雞蛋、臭高麗菜帶上街頭，經勸說才取消。

經過多方折衝，以及全國農漁會自救會奔走努力下，這場「與農共生──全國農漁民大遊行」一共有近十三萬農漁民走上臺北街頭，最終和平理性落幕，主辦單位提出三大訴求與十大主張，包括制定以農漁會信用部永續經營為主軸之《農業金融法》、設立「全國農業金庫」、歸還已被強制讓與銀行之三十六家農漁會信用部，回歸農漁會體系等，日後大部分都獲得實現。

一一二三遊行規模之大，震驚了民進黨政府，陳水扁發現民意反彈聲浪太大，最後只好懸崖勒馬，改變政策方向。這場政治風暴讓執政黨付出慘痛代價，最終財政部長李庸三及農委會主委范振宗雙雙請辭負責，該年二月才上任的行政院長游錫堃也三度請辭，但被陳水扁勸勉留任。

為了儘速弭平民間的不滿，政府立刻在十一月三十日召開「全國農業金融會議」，協同財金及農業各界人士，共同會商改革方案後，這場農漁會政治風暴才宣告解除。

▲二〇〇四年一月三十日，農委會主委李金龍（左）與首任農業金融局長賴武吉，一起為農金局掛牌揭幕。（圖片來源／聯合報）

二〇〇三年七月，立法院三讀通過《農業金融法》，隔年一月三十日正式實施，「行政院農業委員會農業金融局」在同日掛牌成立，負責農業金融機構之監理及政策性農業專案貸款之規劃推動。

二〇〇五年，「全國農業金庫」正式開業，作為農漁會信用部的上層機構、強化信用部監管機制，單筆放款達一定金額，應報經全國農業金庫同意後辦理，並且制訂了經營不善的信用部輔導機制及退場機制，例如經營不善的信用部，應交由農業金庫輔導整頓三年，若無成效則應強制併入其他農會信用部，修補了原本農漁會信用部的管理漏洞；而原本已經強制接管的三十六家農漁會，農委會也訂定嚴格審核標準，讓這三十六家農漁會有機會申請重設信用部。

於是在體系完備之後，農漁會信用部獲得重生，逾放比率也逐漸下降，從二〇〇二年六月的二十一・四四%，降到二〇二二年四月的〇・三%，在官方與民間共同努力下，農業金融體系改革獲得了明顯成效。

李登輝在總統卸任之後，在農漁會信用部整頓事件，發揮了巨大影響力，連帶促成了《農業金融法》的制定，實現了他數十年前的理想。丁文郁回憶，二〇〇三年七月晚間，立法院落槌通過《農業金融法》時，他幾乎在第一時間，就接到李登輝來電祝賀，讓他淚水忍不住奪眶而出，由此可見，李登輝對《農業金融法》的立法進度，確實是「從頭盯到尾」。同年九月，李登輝在一場演講提到此事，仍是喜出望外，說「農業金融法的通過，比我家生一個孫女還要高興。」

回顧整體農業金融改革的過程，李登輝雖然已經卸任，但在其中扮演著至關重要的角色。李登輝登高一呼，提出制定農業金融法、成立全國農業銀行等主張，獲得了媒體關注及各界熱烈迴響，致使政府大幅度修改政策方向。隔年，在《農業金融法》立法過程當中，李登輝也全程關心，緊盯修法內容及進度，終至催生了一個獨立於一般金融之外、完整的農業金融體系。

3 農業基本法

李登輝雖然已經離開政壇，但仍時時刻刻，心繫著臺灣的農業發展。他不斷思考二十一世紀的臺灣農業，能不能在全球化的貿易競爭之下，找到新的產業方向？他觀察當前的政局，在民主化之後，政黨輪替會是正常的現象，但縱使政黨之間的政策路線不同，都應該有「農為國本」的基礎共識；而臺灣也於二〇〇二年元旦正式加入WTO，面臨了自由貿易的重大挑戰，雖然臺灣有一部《農業發展條例》，但不足以應付國際之間激烈的貿易競爭，有必要再另外立一部《農業基本法》，作為農業的根本憲章，以及農業發展的百年大計。

李登輝在擔任政務委員前夕，曾經跟王作榮到韓國與日本進行經濟考察。日本已於一九六〇年頒發了《農業基本法》，當時日本政府希望以此法推進農業生產效率，並且以稻米保價政策為核心，確保農民生活與生產的安定。而日本與臺灣一樣，八〇年代後也面臨了全球自由貿易的挑戰，日本在一九九八年取消了稻米的保價收購政策，引發國內農民相當大的不滿，於是第二年，一九九九年繼而把《農業基本法》改為《食料、農業、農村基本法》，將糧食安全、生產環境及農村振興等概念都放入了法條當中，代表未來農業生產不再僅是農村與農民自己的問題，而是國民飲食健康與國家生態環境的問題。比方說農村出現了工業污染，像是一九五〇年日本富山縣的鎘中毒事件，引起居民罹患「痛痛病」；臺灣也是在一九八二年於桃園觀音出現鎘米事件，對於消費者的健康是有害的，對於農村與農民的傷害更是無可估計。

歐洲國家也出現了相同的概念，英國於二〇〇一年將「農業漁糧部」改成「環境糧食暨鄉村事務部」；同時間德國也將「糧農林業部」改成「消費者保護暨農糧部」，將食品安全的管理，放進農業部門當中。可見先進諸國都陸續關注到農業生產、環境生態與飲食健康，這三者是一種共榮的關係。

李登輝觀察到國際上農業發展的潮流，他以經濟學家熊彼得（Joseph A. Schumpeter）的理論，來解釋這個現象：熊彼得認為，在自由競爭的市場上，利潤會逐漸遞減，企業家唯有透過「創新」（Innovation），改變既有模式，才能夠擺脫衰退的困境而生存下去，沒有辦法創新的企業，就會慘遭市場淘汰。臺灣農業也是如此，過去農業政策都是透過保護及補貼的方式在進行，並且鼓勵農民追求最低成本及最大產量的生產方式，但是到了全球競爭的時代，農業一定會遇到衰退瓶頸，所以只有藉由「資本主義的創造性破壞」（The creative destruction of capitalism），才有辦法在市場上生存下去。所以農業要創新、去適應新的市場。未來農業可能會朝向幾個概念前進：

1 產銷履歷：

當代消費者對於飲食健康越來越重視，所以農產品不能一味以化學肥料與農藥來提高產量，也不能只考慮產量與成本，當代農業生產應該要做出品牌差異，例如透過產銷履歷來打造產地優勢。

以臺東池上鄉為例，池上米之所以單價比較高（甚至比隔壁鄉鎮稻米價格還高），在市場上卻供不應求，是因為池上米除了生產環境優良的優勢之外，最重要的是在二〇〇二年，由當地糧商與鄉公所合作推動了「產地認證標章」，這是臺灣第一個農產認證標章，也是通過經濟部智慧財產局認證通過的合法商標。產地認證制度推動之後，只有真正池上鄉生產，且通過農藥檢驗、具有一定品質的稻米才能取得公所給予的標章，排除了外地米魚目混珠的可能性，也確保了池上米此一品牌的公信力。而池上米有了產地認證的保障後，當地農民也更願意投入技術及資本去生產更優質的稻米，更願意去保護農村的生態環境，就形成了正向的循環。

2 六級產業：

所謂六級產業就是「一級×二級×三級」（農業、工業、服務業），三者打造的完整產業鏈。過去農民生產的農作物都是原材料，在市場上的價格很低，農民缺乏資金跟技術，很難自行加工及推廣，更遑論提供其他額外服務。六級產業就是整備基礎設施，軟硬體都到位，把完整的產業鏈留在農村。

例如彰化二林鎮或南投信義鄉，當地的一級產業生產了農產品之後，透過本地農會或民間酒莊，進行二級產業的加工，將葡萄或梅子做成葡萄酒跟梅酒，最後再透過專業的人材，帶入觀光旅遊及品酒活動，就能打造完整的六級產業——外地人可以假日到農村旅行，參觀酒莊與農場、還能品嚐特色菜餚與酒品。這樣一來，農村提供的就不只是農業的工作，還可以吸引各項領域的青年人材返鄉工作，其實近似李登輝在臺北市長任內「指南里模式」的擴大及延伸。

3 食安環境：

農產品的安全問題，除了數量（確保供應充足）、價格（照顧農民權益）以及健康（食品安全）之外，農村及農地的環境也一定要妥善保護。過去臺灣為了追求效率，施用了過多的化肥，已經超過土地負荷，還有過量的農藥，不但傷害到消費者，也傷害到了土地及農民；更甚者，農村也有違章工廠污染、不肖業者違法棄置事業廢棄物等問題，如果沒有辦法管制這些現象，對於整體生態環境都會造成很大的破壞。

另外，李登輝認為農產品加工的主管機關，不應該放在衛福部食藥署裡面，而是應該跟日本與德國一樣，由專業農業的部門來執行，才能理解農民的需求，進行更有效率的管理。

如此多的農業問題亟需改革，但現有的農業發展條例訂定於一九七三年，目標是要提高生產效率及農地管理，當時李登輝雖然擔任行政院政務委員，但負責的是石化產業與職業訓練等業務，沒有處理農發條例的審議，只有提供意見。而經過幾十年下來，農發條例當時的立法目標，也已經與現在的農業現況有所落差了，加上此條例已經修訂多達六次，李登輝認為這種「穿著西裝改西裝」的做法無法改變原本的架構，修到已經無法再修了，必須重新量身訂製一套西裝，考慮國際潮流及產業現況，重新擘畫未來的農業藍圖才行。

起先臺聯黨的南投縣立委候選人陳啟吉，提出了一套「農民基本法」的政見，不過陳啟吉並未選上立委。李登輝認為這就是他一直以來想要推動的改革，於是決定加入更多前瞻的理念，繼續推動立法，並在二〇〇五年八月的時候，邀請農訓協會的丁文郁前來討論《農業基本法》的架構，並請他邀集聘請各界專家學者來撰寫草案。「農業基本法起草小組」成員為丁文郁（臺大農推系博士、農訓協會高級研究員兼處長）、李元和（佛光大學經研所所長、前農委會農糧處副處長）、林順福（臺大農藝系助理教授）、胡忠一（東京大學農經系博士、農委會企劃處副處長）、吳榮杰（臺大農經系教授）、郭華仁（臺大農藝系教授兼系主任）、蔡宏進（臺大農推系名譽教授）、楊平世（臺大昆蟲系教授、臺大生物資源暨農學院前院長）、謝銘洋（臺大法律系教授）及等人[60]，都是臺灣農業、經濟與法律領域的一時之選。

起草小組的成員各自提出專業領域的見解，提出大架構之後，再經過幾個月緊鑼密鼓地討論，順利在二〇〇六年三月七日提出「農業基本法」草案，並在四月二十五日於立法院舉辦公聽會，由臺聯黨立法委員尹伶瑛送出提案，獲得朝野一致認同，當時有九十三名跨黨派立法委員簽署此項提案。

新的《農業基本法》與現有的《農業發展條例》有許多不同，李登輝想要推動的農基法是要宣示政府政策方向的法案，如同農業憲章那樣的地位，所以必須往跨部會整合的方向去制定。

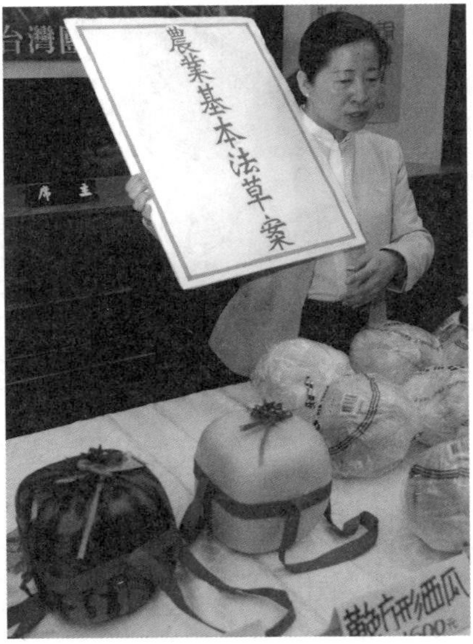

▲二〇〇六年四月，臺聯立委尹伶瑛邀集「農業基本法起草小組」於立法院舉行公聽會。（圖片來源／中央社）

而在臺聯版的農基法當中有規範，農業預算在政府總預算當中，必須佔有相當的比例（臺聯版草案為十五％）；另外還要建立「農業政策審議委員會」的審議制度，並增訂相關規定，例如《有機農業法》或《農村建設法》等專門法案。

另外，法案中有幾個重點：首先是農業生產，臺灣農業兼有「興利」及「生存」兩種特質，亦即有些農民務農是為了經營事業、求取最大利潤，但也有廣大的農民，務農是為了維持生計、照顧家庭。因此農業生產應該平衡兼顧兩種需求，必須完整照顧所有農民需求。

再來是「農產品供應充足安全」及「農地生態維護」兩大議題，臺灣應該要確保糧食安全，提高國內農產品自給比率，並且維護整體農地的完整性；另外對於農產品的安全問題，國家應積極管理化學肥料、農藥，政府可以透過有機農業專法來輔導與

60 括號內為各成員當時的身分，依筆畫順序排列。

補貼農民轉型；還有農村也面臨廢棄物、非法之砂土挖採與地下水抽取等污染問題，都亟待立法解決。

最後是「鄉村振興」，政府應該花大錢做硬體工程的建設思維，從強化交通資訊、醫療衛生及教育文化等基礎建設開始做起；同時透過推廣保存農村傳統文化與生態環境，讓這些農村固有資產，成為休閒農業的根基，以達到六級產業共存，城鄉發展共榮的目的。

可惜的是，《農業基本法》送到立法院討論後，雖然獲得了朝野一致支持，不過整體審議程序冗長且費時，而行政院對於農基法內容，又有非常多法制上的意見，結果就在漫長地討論程序之下，議程就延宕下去，直到二〇〇七年立法院第六屆會期結束時，審議都還沒有結果。

到了二〇〇八年，第七屆立法委員選舉完之後，整體議程重新來過，不過此時臺聯黨已經沒有議席，所以民進黨立委潘孟安，重新再提了一次法案，各黨團也相繼提了自己的版本，一共出現了六個版本，不過版本雖多，各黨意見也是莫衷一是，立法再度延宕。二〇一〇年民進黨立委翁金珠再次提案，找來了胡忠一與吳榮杰一起討論，還加入了留學德國的專家意見，但與之前的情形一樣，提案之後，仍然不了了之。

截至二〇二一年為止，立法院前後已經出現了十九個《農業基本法》的草案版本，但仍然都還在討論階段，始終欠缺臨門一腳，把法案推過三讀程序。李登輝未能親見《農業基本法》通過，留待後人繼續努力，完成這項未竟志業。

4　源興牛與農地活化

臺灣在六〇年代之後，經濟開始轉型，由一級產業發展成以二、三級為主的型態，經濟成長也連帶改變了飲食習慣，餐桌上肉品與奶蛋的比例逐漸提高；再加上美援帶來的改變，以及全球貿易的影響，造成稻米的消費量逐年下降，稻米生產過剩。為降低稻米生產過剩壓力，政府從一九八四年起推動稻米減產計畫，其後又因應我國加入WTO，開放稻米進口並承諾各項補貼均須削減，推動「水旱田利用調整計畫」，積極鼓勵稻田休耕。平地農業配合政策大量休耕的結果，形成「山頂種菜、山下休耕」的現象，李登輝對此非常在意，每次到各地農村訪問，看到大量閒置的農田，都感到痛心疾首，因此他卸任之後，仍然持續尋找臺灣農地休耕的解決之道。

另一方面，臺灣的肉牛產業發展也十分停滯。原先臺灣因為農業人口眾多，農民沒有吃牛肉的習慣，大多數的牛隻都以耕牛（水牛）為主。一直到了六〇年代，政府開始輔導酪農業，並且自李登輝一九七二年推動「加速農村建設重要措施」後，酪農業日益蓬勃發展。不過相較於酪農業具有新鮮、在地的優勢，肉牛業卻在進口的外國冷凍牛肉下節節敗退，之後政府決定將畜牧政策定調為「乳牛為主、肉牛為輔」，幾近棄守肉牛產業，目前臺灣豬肉的自給率高達八十六％，但牛肉僅有五％，且來源一半以上都來自酪農業的「乳公牛」。

為了同時解決這些農業問題，雲林縣斗南鎮農會於二〇一一年左右，在農委會輔導下研發出一套整合小農企業化經營的「農牧循環整合計畫」。原先在臺灣加入WTO之後，本土農作物就面臨了諸多挑戰，於是斗南農民在冬季裏作期間（約十一月到二月）開始種植馬鈴薯與紅蘿蔔等作物，希望可以替代進口的農產品。但這些根莖類作物，表皮很容易出現裂痕，只要有裂痕就會變成「格外品」，沒有商販願意收購。而斗南鎮每年都會生產出將近十二點五公噸這樣的格外品，最後農民只能將它們當成垃圾處理，非常浪費。

當時斗南鎮農會總幹事張有擇心想，與其要大費周章把格外品處理掉，為什麼不全部都拿來養牛呢？過去臺灣的肉牛產業發展不起來，是因為價格無法跟外國廉價冷凍牛肉競爭，但如果逆向思考，發展高品價的精緻本土肉牛，只要肉質夠好，與外國牛肉作出市場差異，以「產銷履歷」的方式創造在地品牌，前景應該還是大有可為。

於是斗南農會組了考察團，到日本鹿兒島觀摩和牛的養育方式，他們發現牛肉價值高低，關鍵在於油花分布的方式，當中價格甚至會差到一百倍之多。回臺灣之後，著手成立「肉牛產銷班」，共集合十八戶養殖戶，總數大概有六千多頭牛。緊接著成立了「架子牛場」與「肥育牛場」，架子牛場就是養育小牛的地方，而肥育牛場是接手八個月大的小牛，將它們從兩百五十公斤養大到六百公斤左右，也是整個牛肉肉質肥美與否，最關鍵的流程。

斗南農會的肉牛肥育中心名為芸彰牧場，他們利用廢棄的馬鈴薯、紅蘿蔔與地瓜來當作飼料，搭配上廢棄稻稈、玉米葉，製作成了營養且可口的牛飼料；最後牛隻產生的牛糞，因為富含有機質，甚至可以作為絕佳的天然肥料，如此就形成了一種「在地循環經濟」。

二〇一三年，美國牛肉出現狂牛症與瘦肉精等問題，臺灣也面臨到了美國牛肉進口與管制的難關，本土肉牛產業或許可藉此機會發展及推廣。斗南鎮農會原本在二〇一一年就已推動「農牧循環整合計畫」，總幹事張有擇在獲悉李登輝極度關心休耕議題，並積極尋求解方後，主動告知經常與李登輝討論農業議題的丁文郁，他認為推廣臺灣肉牛產業，會是有效解決休耕問題的方法之一。

丁文郁在多次與張有擇請教與研讀相關資訊後，向李登輝報告，臺灣肉牛產業最大的挑戰，在於如何降低生產成本，特別是最大宗的飼料成本。臺灣種植的青割玉米（尚未成熟就將整株收割起來的玉米）及牧草，是畜養牛隻的良好芻料，不過，雖然青割玉米和牧草有被列為休耕轉作獎勵對象，但當時政策上並未特別支持發展肉牛產業，因此僅能供應乳牛之用，轉作面積並不多。若能配合發展肉牛產業，鼓勵休耕農地擴大轉種植青割玉米及牧草面積，做為肉牛飼糧來源，不但可逐步實踐休耕農地活化的政策，也能促進臺灣肉牛產業的發展，達到雙重效益。

李登輝原本對牛肉就很有研究，他仔細思考後認為，本土牛要跟國際牛肉競爭，還是必須要在品種上下功夫，目前本土肉牛的來源都是乳公牛、黃牛及很少數的安格斯牛，品牌競爭力並不強。是否能取得像日本和牛那樣的優質肉牛品種，是未來打開國內市場的關鍵。

於是李登輝在二〇一四年到日本北海道、以及二〇一六年到石垣島進行訪問與考察時，他都特別留意了日本的和牛產業，他認為石垣島氣候與臺灣接近，如果可以培育優良和牛，那臺灣也一定也有辦法培育和牛。

不過，日本的和牛受到嚴格的管制，臺灣無法取得和牛品種，李登輝的肉牛計畫暫時受到阻礙。就在一籌莫展之際，他輾轉發現陽明山擎天崗上有十九隻「原原種但馬牛」（但馬為日本古地名，大約在京都西北方，兵庫縣的位置），原來這群牛是日本時代官方引進的牛，飼養於當時位於萬里的第三牧場（又名大嶺峠農場）。二戰後日本人離開後，留下了這群牛，於是原本照料牛隻的農民，買下了這群牛並且帶到擎天崗上放牧。後來這群牛隻經過幾代的繁衍，不但保留了但馬牛純正的血統，而且對臺灣的氣候已經充分適應。

李登輝非常驚喜，立刻就將這批牛全部買了下來，並且進行ＤＮＡ比對，確定這群牛的品種是和牛沒錯，研究過程由李登輝領銜、加上李登輝基金會秘書長王燕軍、和牛專家中村佐都志及日本大學教授長嶺慶隆等四人，共同在《日本畜產學會報》上發表學術報告〈以ＳＮＰ標記解析臺灣牛種、黑毛和種及歐美品種之遺傳性關係〉，引起台日畜產界的高度關注。

為了實現臺灣和牛產業化、帶動臺灣農地活化的理想，李登輝用三芝祖厝的名字，成立了「源興居生技股份有限公司」，並將這批希望之牛命名為「源興牛」。後來源興牛被送往花蓮鳳林的新光兆豐休閒農場養殖，並且透過育種技術，希望培育出更適合本土氣候，以及肉質更優良的牛隻。李登輝晚年的時候，十分掛心這批遠在花蓮的源興牛，只要他的身體還硬朗，有機會就會到兆豐農場來走走，探望源興牛。

▲二〇一八年四月，李登輝前往花蓮兆豐農場視察源興牛培育情形。（圖片來源／聯合報）

李登輝晚年，心心念念就是為了臺灣農業發展，特別是不忍看到「山坡地濫墾，平地田地休耕」，而培育源興牛，就是他與民間專家、農民們一起解決問題的方法。不過遺憾的是，在李登輝離世之前，還未能看見臺灣和牛育成上市，也還未有機會看到本土肉牛產業帶動休耕農地活化。希望未來源興牛上市之後，各位讀者在大啖美味的源興牛之際，別忘了這是李登輝給臺灣最後的贈禮之一，以及藏在油花背後，那活化臺灣休耕農地的遠大願景。

生命之旅：終生熱愛的土地與人們

圖片來源：國史館

二〇一一年，李登輝因罹患大腸癌，到臺北榮總接受切除手術。高齡八十八歲的他，在術後休養的期間內，仍然不斷思考臺灣的未來，以及自己過去關心的土地與人們。於是他決定在靜養過後，要到全臺灣各地拜訪，看看以前的農村老友、瞭解以前在各地推動改革的現況。他說：

把握剩下的生命，要將臺灣的美，深深印在心底。除此之外，我認為這也是找尋臺灣新生命與新契機的開始，二十一世紀臺灣要往哪裡去？希望藉著這個行動，與國人一同找出國家發展的方向！……還要再走再看，一直到我生命的終點，我對臺灣的愛都不會減少。我雖老矣，心仍溫熱，馬偕博士的名言「寧願燒盡，不願銹壞」，未來也許歲月不多，也要繼續打拼。

就這樣，李登輝團隊從屏東出發，各縣市逐一拜訪，展開「生命之旅」。行程除非李登輝指定，主要都由郭昆文及洪浦釗[61]兩位幕僚安排，不過第一站，李登輝就給他們出了一個難題：他想要看屏東的「地下水庫」。

什麼是屏東的「地下水庫」？李登輝沒有提供太多線索，郭昆文和洪浦釗只得到處請教農業專家、地方耆老，好不容易問到屏科大土木系教授丁澈士，丁推測，李前總統描述的很可能是位於來義鄉的二峰圳。於是郭昆文和洪浦釗，就這樣帶著疑問，硬著頭皮直赴屏東「場勘」，找看看「二峰圳」到底在哪裡？

郭昆文回憶，當時他們一行人開著車在兩座山頭之間來來回回，山上也問，山下也問，就是找不到所謂的「二峰圳地下水庫」。後來他們在來義國小前發現一個很大的圳溝，想說跟著大圳找應該就是了，但依然找不到，走投無路之下，只好到來義國小請教較年長的老師，沒想到還是無人知曉。一直到後來，他們在溪邊巧遇幾位知情的年輕人，把他們帶到到一處古井前，才終於讓他們找到「二峰圳」地下堰堤。

61 郭昆文時任李登輝基金會副秘書長，洪浦釗擔任研究處處長。

原來二峰圳是日本水利工程師鳥居信平所興建，利用當地沙礫地層，在林邊溪河床下方修了一道地下堰堤來收集伏流水，形成一種「地下水庫」。百年來毫不間斷地，每日供應八萬多噸的水源，灌溉了下游的萬頃良田，改善了當地人的生活。

這段曲折的「找水庫」之旅，成為郭昆文、洪浦釗幕僚生涯最難忘的回憶之一。雖然當時李登輝已經將近九十歲了，但仍保持旺盛的求知慾，什麼都想走走看看，尤其對農業水利設施最感興趣，包括烏山頭水庫、石岡水壩等，他都不想錯過。李登輝知識豐富，記憶力驚人，每到一個縣市，都會滔滔不絕地聊起各地的農業及水利發展史，許多見聞，都是當地農業人員沒聽過的。

二〇一二年四月十九日下午，李登輝在屏東縣長曹啟鴻等人陪同下，實地走訪二峰圳，並由屏科大土木系的教授丁澈士進行解說。李登輝興致盎然地說，很久以前就聽過鳥居信平的這個工程，算是世界首屈一指的伏流水灌溉渠道，很了不起，但一直都沒有機會來參觀。這個鳥居信平的經驗，可以推廣到其他地區做為參考。

李登輝的生命之旅不僅參觀各縣市重大建設，也會順道拜訪多年的農村友人，例如到桃園龍潭，他會重返福園茶廠，與茶廠老闆閒聊當年「龍井茶」的光輝往事；而他到臺東的時候，也不忘來到鹿野，跟當年命名「福鹿茶」時的幾位茶農敘舊。

到彰化縣的時候，李登輝特別去拜訪溪州鄉榮光村，那裡以前曾經有一座退輔會的「大同農場」，是由退役的榮民，辛勤地在濁水溪河床開墾出的大片沃野良田。這是許多當地人都不知道的故事，一般政治人物也不可能跑到這麼偏遠的地方訪視，而李登輝的行程卻跟一般人不同，他所掛心的，除了想要尋訪故友外，也是想要向這些默默犧牲奉獻的農民與榮民們，致上最後的敬意。

當然，李登輝沒有遺忘他口中的第二故鄉雲林，雖然當天有颱風過境，天氣很不好，雲林縣停班停課，一行人還一度受困在電梯裡。不過李登輝堅持說：「即將來到我的第二故鄉，還真有近鄉情怯的感覺，雖然天氣預報有風有雨，但我不能再改變行程，生命的時鐘正一分一秒在流失。」

所以一行人仍然不顧風雨，依照原定行程來到麥寮參觀當地的養豬業者。養豬業者也當面向李登輝提到，很感謝當年李登輝在農復會執行的農漁牧綜合經營計畫（海豐村計畫），讓他們一家人從養幾隻豬的小農戶，發展到今日幾千隻豬的規模，這個政策改變了麥寮人的生活，大家都銘記在心。

生命之旅自二〇一二年四月開始，到二〇一三年年底，完成了環島一圈的行程。在最後一站宜蘭訪問結束之後，李登輝與媒體座談，聊聊一年來的心得。他不僅只是到處走走看看，之後還要舉辦三天的「健全地方發展與治理研討會」，因為這樣繞了臺灣一圈，他意識到地方政治還是有很多問題、鄉親還是有很多期待尚未處理，所以希望透過這幾場研討會，讓各界有識之士集思廣益，找出解決之道。

另外，走遍臺灣之後，其實他還有一個最想去的地方，但這輩子都沒有時間去，現在恐怕也沒機會了——那就是玉山山頂。「死了以後再去吧！」李登輝悠緩地說：「我死了以後，把我的骨灰帶到玉山上，我要永遠跟臺灣在一起。」

六年後，二〇二〇年二月八日，李登輝在家中喝牛奶嗆到，緊急到臺北榮總住院治療後，發現有吸入性肺炎等多重症狀，經過半年的住院治療，因為年事已高，後續併發多重慢性疾病及器官衰竭，終於在七月三十日晚上七時二十四分蒙主恩召，與他的親友們、以及他所熱愛的臺灣母土，永遠道別。

回顧李登輝一生，與臺灣農業可以說是相依相連，長達九十八年的生命經驗，幾乎就等同於臺灣農業百年的發展史。他少年時期立志成為農業經濟學家，將所學貢獻給土地與農民，學成後時期進入農政單位工作，執行農家記帳、農漁牧綜合經營等計畫，改善了偏遠農村的生活；一九七二年擔任政務務委員時，李登輝更是推動了多項關鍵性的農業改革政策，尤其是「廢除肥料換穀制度」及「加速農村建設重要措施」，翻轉了原本「以農養工」的國家政策，徹底改變臺灣農村的命運。

而他在農復會時期執行的「海豐村計畫」、政務委員期間的「糧食平準基金」及稻米保價收購政策、臺北市長時期的「指南里模式」、以及省主席時期的「八萬農業建設大軍」，還有執政之後的種種農業福利政策，在卸任之後催生了「農業金融制度」，直到晚年辭世之前，都還透過復育臺灣和牛，想要幫臺灣的休耕稻田尋找出路。只可惜最終《農業基本法》並未完成立法，留下些許遺憾。這些政策與理想，都長遠影響了臺灣農業發展的走向，甚至可以說奠定了今日臺灣農業發展的主要架構。

李登輝一生徹底實踐「農為國本」的基本信念，在投身公職之前，他是享譽國際的農業經濟學者，在農復會工作期間，他深入臺灣各個鄉鎮角落，實地調查農民生活，了解各項農業問題；在他從政乃至於卸任後，不管在人生哪個階段，他始終關注臺灣農業的發展，重視臺灣農民的需求。李登輝前總統是推動臺灣政治轉型的「民主先生」，也是臺灣人民心中，永遠的農業人。

後記
追尋農業人的身影

陳慧萍

二〇二〇年七月底，轉著電視遙控器，看著各種李前總統追思報導的我，眼眶已紅，很想為李前總統做點什麼。

電視中的人於我並不陌生，過去在自由時報工作期間，我有幸跟訪李前總統行程若干年，有不少機會，可以近距離觀察這位改變國家命運的領導人。

造勢場合有之、感恩餐會有之、校園演講有之、同桌吃飯亦有之。談民主改革有之，評論政治時事有之，閒話家常有之、語出驚人亦有之。滿滿的回憶，無盡的不捨。

此時的我已在豐年社擔任《豐年》主編，每個月出版一本農業雜誌，想的自然都是農業事。我很快觀察到，各家媒體報導的重點，大都聚焦在李前總統對臺灣的政治貢獻，相較之下，與農業相關的敘事，實在是少之又少。

該著手補足這一塊的人，不就是我們嗎？

豐年社在一九五一年，由美國新聞處、美國經濟合作總署中國分署及中國農村復興聯合委員會（農復會）三個機構聯合成立，以發行《豐年》（創刊時為半月刊），向農村傳播實用及新穎知識為主要任務，是歷史悠久的農業出版社。李前總統年輕時是農業經濟專家，從政後更是推動許多重大農業政策，他的一生與農業緊密相連，幾乎等同臺灣農業百年發展史；《豐年》若能深入探究李前總統與農業的故事，有助於年輕讀者了解臺灣農業發展歷程。

這個想法獲得梁鴻彬社長支持，於是我趕緊著手進行，經過總統昔日部屬、總統府秘書長辦公室洪浦釗主任、農訓協會丁文郁處長的指點，以及農科院農業政策研究中心副主任陳玠廷的協助，我陸續訪問了黃大洲市長、臺大農經系吳榮杰教授、農委會前主秘廖安定等李總統門生故舊，趕在總統追思禮拜之前，於《豐年》二〇二〇年九月號，推出十八頁的李總統農業紀念專刊。

找資料的過程中，我驚喜地發現，李前總統擔任農復會農業經濟組長時，也曾在《豐年》發表過文章。李前總統與我們的距離，實在比想像中還要近許多。

起心動念為李前總統寫一本書，是出刊後不久的事情。記得我抱著剛出爐的《豐年》，滿心喜悅又略帶忐忑地帶去給洪浦釗「打分數」，他翻了翻，語帶鼓勵地說：「寫得很好，但是，寫太少了！」

確實，不管是廢除肥料換穀，還是八萬大軍，專刊的篇幅，都只能點到為止；若能發展成專書，詳細記錄李前總統與臺灣農業的故事，除了紀錄臺灣農業變遷，也能藉由李前總統一生提倡「農為國本」的精神，彰顯農業對國家發展的重要性。

感謝農委會陳吉仲主委，不僅大力支持我們的想法，也提供各種採訪上的協助，這本書才得以付諸執行。我把昺崙找來，一起來做這件有意義的事。昺崙的專長是臺灣文史，研究領域為農民文學，同時高度關心臺灣農業議題，是再適合也不過的人選。

昺崙接下任務後，幾乎將所有李前總統相關著作全部找來，展開勤奮的閱讀與寫作，為這本書打下最堅實的基礎。我們很幸運，能請來多位李前總統門生故舊，擔任本書的顧問。廖安定主秘是李前總統最後一個碩士論文指導學生，長年在農委會服務，對農業政策非常熟悉，是我們最強大的資料庫。農糧署胡忠一署長是黃大洲的學生，更是臺灣少有的東京大學農業經濟學博士，在繁忙的公務中，他不僅多次接受我們叨擾，還總是費心準備許多參考資料，讓我們這些晚輩既感動又惶恐，同時又有如沐春風的幸福感。丁文郁處長的記憶力無人能敵，每每提到過去與李前總統相處的點點滴滴，都令人身歷其境。浦釗追隨李前總統多年，最能貼近李前總統的心境和想法。玠廷則經常提供年輕讀者的觀點，幫助我們從如山的史料堆中跳出來，將資料做最好的呈現。

有了顧問們的傾囊相授，我們這本書的內容開始一點一滴地建構起來，李前總統「農業人」的形象日益鮮明。特別感謝農委會前農水處蔡明華處長，熱心居中聯繫，協助我們採訪已退休多年的農委會溫理仁參事、臺大甘俊二教授、桃園水利會長李總集等多位農田水利界前輩，讓我們的內容更加充實。

這本書花了相當多篇幅，描述李前總統早年從事農經研究的情形，需要引用不少歷史資料，感謝國史館陳儀深館長，以及李登輝基金會李安妮董事長大力支持，授權我們使用李前總統早期珍貴照片，並不吝針對本書內容提供寶貴建議。也感謝辛勤採訪、全程以影像紀錄李前總統「生命之旅」的獨立媒體陳育賢小姐，願意提供我們精彩照片，讓李前總統「農業人」的形象更加立體。

李前總統是民主先生，也是一輩子的農業人。在他帶領臺灣走過威權，成為現代民主國家之前，他已是世界一流的農業經濟專家。若不是他出色的農經研究專業、對臺灣農村問題的深刻了解，以及發自內心，對臺灣農民最真切的關懷，他或許不會走上從政之路。李前總統之所以是李前總統，絕對不可少了農業這個關鍵因素。

期盼這本書，能為李前總統走過的農業軌跡留下紀錄，讓讀者更多面向地認識李總統；我們也期待，李前總統的人生故事，能夠引發更多讀者興趣，了解臺灣農業的歷史，關注農業的發展與未來。

大事記

時間	李登輝生平	臺灣社會發展	臺灣農業事件
一九二三、一月十五日	出生於臺北淡水郡三芝庄（新北市三芝區）		
一九二三、十二月		臺灣文化協會多名成員因「治警事件」遭逮捕	
一九二五、十月			二林蔗農事件爆發
一九二六、四月			新品種「蓬萊米」正式誕生
一九二六、九月			「臺灣農民組合」成立
一九二七、七月		蔣渭水成立臺灣民眾黨	
一九三〇、五月			嘉南大圳竣工
一九三五、四月		新竹臺中發生大地震，逾三千人喪生	

一九三八	插班就讀淡水中學校二年級		
一九四一、四月	就讀臺北高等學校		
一九四一、十二月八日		日本襲擊珍珠港，太平洋戰爭爆發	
一九四三、十月	赴日就讀京都帝國大學農業經濟系		
一九四三、十二月			《臺灣農業會令》實施
一九四四、二月	因「學徒出陣」，受徵召入伍		
一九四五、二月十五日	兄長李登欽戰歿於菲律賓		
一九四五、五月		美軍空襲臺北	
一九四五、八月十五日		日本投降，太平洋戰爭結束	
一九四五、九月	京都大學復學		

時間	李登輝生平	臺灣社會發展	臺灣農業事件
一九四六、四月	自日本返臺		
一九四六、七月	就讀臺大農業經濟系		
一九四六、八月			「田賦徵實」政策實施
一九四六、十月	與何既明、林如堉等人在臺北車站附近開書店		
一九四七、二月二十八日		二二八事件爆發	
一九四七、七月	住進普羅寮，與林如堉等人成立「新民主同志會」		
一九四七、十月	加入中國共產黨		
一九四八、六月	大學畢業，留在農經系擔任助教，退出中國共產黨		

一九四八、十月	因林如堉遭逮捕，李登輝躲藏至蟾蜍山腳兩個禮拜		
一九四九、二月	與曾文惠女士結婚		「三七五減租」政策實施
一九四九、五月二十日	臺灣省實施戒嚴		
一九四九、八月			農復會搬遷至臺
一九四九、九月			「肥料換穀」政策實施
一九四九、十二月		中華民國中央政府遷至臺灣	
一九五〇、六月		韓戰爆發，美軍第七艦隊協防臺灣	
一九五〇、九月	長子李憲文誕生		
一九五一	考取公費留學獎學金，因體檢未過延期出國，至農復會實習半年		
一九五二、一月	長女李安娜誕生		

時間	李登輝生平	臺灣社會發展	臺灣農業事件
一九五二、三月一日	獲中美基金獎學金，赴美就讀愛荷華州立大學		
一九五二、八月			《改進臺灣省各級農會暫行辦法》制訂
一九五三	返臺後至省政府農林廳工作，兼任臺大農學院講師		「耕者有其田」政策實施
一九五四、六月	次女李安妮誕生		
一九五五	至合作金庫工作		
一九五七	至農復會農經組工作，兼任臺大法學院經濟系副教授		
一九五八、八月		八二三砲戰爆發	
一九六一、四月	受洗為基督教徒		
一九六四、六月			石門水庫竣工

一九六五、九月	赴美就讀康乃爾大學農業經濟系博士班		
一九六八	獲得博士學位，返臺回農復會工作，兼任臺大教授		
一九六九、六月	遭警備總部帶走，審訊七天		
一九六九、三月			「剝蕉案」發生，吳振瑞遭逮捕
一九七一	升任農復會農經組長		
一九七一、十月二十五日		中華民國政府退出聯合國	
一九七二、六月	就任行政院政務委員兼農復會顧問		
一九七二、九月			行政院推出「加速農村建設重要措施」、廢除「肥料換穀」
一九七三、九月			《農業發展條例》制訂

時間	李登輝生平	臺灣社會發展	臺灣農業事件
一九七四、二月			臺灣區果菜運銷股份有限公司成立（今天的北農）
一九七四、二月			「糧食平準基金」設立
一九七四、六月			《農會法》修正通過，廢除股金制度
一九七五、四月五日		蔣介石逝世，嚴家淦接任總統	
一九七七、七月			廢止「田賦徵收實物條例」
一九七八、五月二十日		蔣經國就任總統	
一九七八、六月	就任臺北市長		
一九七九、一月一日		臺美斷交	
一九七九、十二月		美麗島事件爆發	
一九八一、十二月	就任臺灣省省主席		

一九八三、一月			稻米生產及稻田轉作六年計畫實施
一九八三、七月			「八萬農業建設大軍」開始訓練工作
一九八四、一月			中美食米協議簽訂
一九八四、三月	就任中華民國第七任副總統		
一九八六、九月二十八日		民主進步黨成立	
一九八七、七月		臺灣解嚴，開放黨禁報禁	取消田賦
一九八七、十一月			「山城農民權益促進會」成立
一九八八、一月十三日	蔣經國逝世，李登輝依憲法繼任總統		
一九八八、五月二十日			五二〇運動
一九八八、七月	就任國民黨黨主席		

時間	李登輝生平	臺灣社會發展	臺灣農業事件
一九八八、十月			全面試辦農民健康保險
一九九〇、一月			臺灣申請加入GATT（WTO前身）
一九九〇、三月十六日		野百合學運發生	
一九九〇、五月二十日	李登輝就任第八任總統		
一九九〇、九月			「農產品受進口損害救助基金」法規發布
一九九一、四月		第一次修憲通過	
一九九一、五月		廢除動員戡亂時期臨時條款	
一九九四、二月			廢除水租（由政府代繳水利會會費）
一九九四、七月		立法院三讀通過《全民健康保險法》	

一九九四、十二月		第一次省長與直轄市長選舉，宋楚瑜獲選為臺灣省長，陳水扁獲選為臺北市長	
一九九五、六月	赴美國康乃爾大學演講		老年農民福利津貼政策實施
一九九五、七月		中國在臺灣海峽試射飛彈	
一九九六、三月	首屆總統直選，獲選為中華民國第九任總統		
一九九七、三月			臺灣豬隻爆發口蹄疫疫情
一九九七、七月			水旱田利用調整（輪作休耕）四年計畫實施
一九九九、七月	受外媒採訪時發表「兩國論」觀點		
一九九九、九月			臺灣肥料公司民營化
一九九九、九月二十一日		九二一大地震	

時間	李登輝生平	臺灣社會發展	臺灣農業事件
二〇〇〇、一月			《農發條例》修正通過，開放農地自由買賣
二〇〇〇、三月	李登輝辭去國民黨黨主席	陳水扁當選總統，首次政黨輪替	
二〇〇〇、五月二十日	李登輝卸任中華民國總統		
二〇〇一、八月		新政黨「臺灣團結聯盟」成立	
二〇〇一			「糧食平準基金」裁撤
二〇〇一、十二月	智庫「群策會」創立		
二〇〇二、一月			臺灣加入WTO
二〇〇二、八月			行政院提出「農漁會信用部分級管理措施」
二〇〇二、十一月			一一二三與農共生大遊行
二〇〇三、七月			《農業金融法》通過

二〇〇六、四月			臺聯黨提出《農業基本法》草案
二〇〇九、八月		莫拉克風災	
二〇一二、八月	李登輝基金會成立		
二〇一四、三月		三一八反服貿運動	
二〇一七、十二月	成立源興居生技公司，培育本土和牛「源興牛」		
二〇二〇、七月三十日	李登輝辭世		

參考書目

丁文郁、胡忠一、胡盛光、廖朝賢、顏建賢《臺灣農會史》，臺北：中華民國農民團體幹部聯合訓練協會（2012）

上坂冬子（著）；駱文森、楊明珠（譯）《虎口的總統——李登輝與曾文惠》，臺北：先覺（2001）

于宗先、余玉賢（編）《臺灣農業發展論文集》，臺北：聯經（1975）

文訊雜誌社（編）《信心・智慧與行動——李登輝先生的人格與風格》，臺北：文訊（1990）

王作榮《王作榮談李登輝》，臺北縣：稻田出版（1995）

王益滔《臺灣土地制度與土地政策》，臺北：臺灣經濟銀行研究室（1964）

矢內原忠雄（著）、周憲文（譯）《日本帝國主義下之臺灣》，臺北：海峽學術出版社（2003）

吳田泉《臺灣農業史》，臺北：自立晚報社（1993）

吳音寧《江湖在哪裡？——臺灣農業觀察》，臺北：印刻（2007）

吳濁流《臺灣連翹》，臺北：前衛（1995）

李連春《十年來的臺灣糧政》，臺北：臺灣省糧食局（1955）

李登輝、中嶋嶺雄（著）；駱文森、楊明珠（譯）《亞洲的智略》，臺北：遠流（2001）

李登輝（著）、劉又菘（譯）《餘生：我的生命之旅與臺灣民主之路》，臺北：大都會文化事業（2016）

李登輝（著）、蕭志強（譯）《最高領導者的條件》，臺北：允晨（2009）

李登輝《二十一世紀臺灣要到哪裡去？》，臺北：遠流（2013）

李登輝（口述）、張炎憲（編）《李登輝總統訪談錄（一）早年生活》，臺北：國史館・允晨（2008）

李登輝（口述）、張炎憲（編）《李登輝總統訪談錄（二）政壇新星》，臺北：國史館・允晨（2008）

李登輝（口述）、張炎憲（編）《李登輝總統訪談錄（三）信仰與哲學》，臺北：國史館・允晨（2008）

李登輝（口述）、張炎憲（編）《李登輝總統訪談錄（四）財經產業》，臺北：國史館・允晨（2008）

國史館李登輝口述歷史小組、張炎憲（編）《李登輝總統照片集》，臺北：國史館・允晨（2005）

李登輝《臺灣的主張》，臺北：遠流（1999）

李登輝《武士道解題》，臺北：前衛（2004）

李登輝《為主作見證：李登輝的信仰告白》，臺北：遠流（2013）

李登輝《新・臺灣的主張》，臺北：遠足（2015）

李登輝《經營大臺灣》，臺北：遠流（1994）

李登輝《臺灣農業發展的經濟分析》，臺北：聯經（1980）

李靜宜《漫長的告別：記登輝先生，以及其他》，臺北：東美出版（2020）

林呈蓉《知識人的時代使命：從福澤諭吉到矢內原忠雄，啟迪民智並引導社會走向文明開化之進程》，臺北：臺灣商務（2020）

社會運動觀察小組《520事件調查報告書》，（1988）

河崎真澄（著）、龔昭勳（譯）《李登輝秘錄》，臺北：前衛（2021）

柯志明《米糖相剋—日本殖民主義下臺灣的發展與從屬》，臺北：群學（2003）

柯義耕（Richard C. Kagan）、蕭寶森（譯）《臺灣政治家：李登輝》，臺北：前衛（2008）

周玉蔻《李登輝的一千天》，臺北：麥田（1993）

徐文路（編）《1987-88 臺灣農民運動口述歷史計畫結案報告》，新北：國家人權博物館（2018）

翁嘉禧、曾憲郎、鄭博文《臺灣稻米產業的競爭力與發展》，高雄：國立中山大學出版社（2020）

財團法人李登輝基金會《生命之旅：李前總統 2012~2015 臺灣深度訪察實錄暨言論集》，臺北：允晨（2016）

盛志澄、康瀚《臺灣之防風林》，臺北：中國農村復興聯合委員會（1961）

陳增芝《鹽水大飯店：戴振耀的革命青春》，臺北：玉山社（2017）

彭作奎《誰偷走了農地？影響每一個人的臺灣農業與農地公平正義》，臺北：時報（2021）

黃大洲《鄉村建設文集》，臺北：環球出版（1979）

黃大洲《感恩的憶述：黃大洲的人生傳奇》，臺北：時報（2020）

黃俊傑（編）《中國農村復興聯合委員會史料彙編》，臺北：三民（1991）

黃俊傑《農復會與臺灣經驗（1949~1979）》，臺北：三民（1991）

黃樹仁《心牢：農地農用意識型態與臺灣城鄉發展》，臺北：巨流（2002）

鄒景雯《李登輝執政告白實錄》，臺北：印刻（2001）
蔡石山（著）、曾士榮、陳進盛（譯）《李登輝與臺灣國家認同》，臺北：前衛（2007）
蔡宏進《追憶失落的臺灣農業與農家生活：近代臺灣農業史》，臺北：巨流（2013）
鍾青柏《龍田村百年移民史》，臺東：臺東縣政府文化處（2020）

參考文章

丁文郁〈記一段與李前總統登輝先生的農業奇緣〉，農傳媒，2020 年 9 月 19 日
丁文郁〈36 家經營不善農漁會信用部讓與銀行承受事件之研究〉，《農民組織學刊》，19 期，2014 年 1 月
王淑瑛、陳雨馨〈隱藏的大明星 新光兆豐農場的源興牛〉，財團法人中央畜產會《畜產報導月刊》，第 224 期，2019 年 4 月
余玉賢〈台灣農業發展研究評述〉，《台灣農業發展研究論文集》，1975 年，聯經
沈中華主持，〈農業金融體系與其支援機構之探討〉，行政院農業委員會農業金融局報告，

2005年
李彥謀〈李登輝的生命之旅，第三站：第二故鄉雲林紀行〉，《新新聞周刊》，1321期，2012年6月28日
江昺崙〈農本主義，李登輝的未竟之路〉，農傳媒，2020年8月5日
林孝庭〈蔣經國、李登輝與台灣政治「本土化」二三事〉，自由評論網，2020年7月31日
陳玠廷〈你所不知道的農業李登輝〉，農傳媒，2020年8月1日
陳慧萍〈李登輝總統與我——前臺北市長黃大洲專訪〉，《豐年》，70卷9期，2020年9月號
陳慧萍、段雅馨、楊盛安、游昇俯〈不只是民主先生——李登輝總統對臺灣農業的貢獻〉，《豐年》，70卷9期，2020年9月號
陳儷方〈李登輝取消肥料換穀、提出八萬農業大軍 臺灣農業重要推手〉，農傳媒，2020年7月31日
劉志偉〈農業社福主義的推手－李登輝〉，自由評論網，2020年7月31日－2020年8月6日
蔡宏進〈李登輝總統在農業經濟專業上的成就與貢獻〉，《農政與農情》，2020年12月號
曾獻緯〈戰後初期臺灣的糧食管制（1945-1949）〉，《台灣文獻》，66卷3期

永遠的農業人 李登輝與臺灣農業

Mr. Agriculture : Lee Teng-Hui

發行人	楊宏志
社長	梁鴻彬
作者	江昺崙・陳慧萍
顧問群	丁文郁・胡忠一・洪浦釗・陳玠廷・廖安定（依姓名筆畫排序）
總編輯	陳慧萍
特約編輯	邱芊樺
美術編輯	王君卉
封面設計	黃于倫
編輯顧問	鄭清鴻
指導單位	行政院農業委員會
發行單位	財團法人豐年社
地址	10648 臺北市大安區溫州街14號
電話	(02) 2362-8148
傳真	(02) 2363-6724 編輯部 (02) 8369-5591 行銷業務部
網址	www.agriharvest.tw
Email	editor@agriharvest.tw 編輯部 ad@agriharvest.tw 行銷業務部
定價	420元
出版日期	2022年7月（初版一刷）

國家圖書館預行編目資料（CIP）

永遠的農業人：李登輝與臺灣農業／Mr. agriculture Lee Teng-Hui／江昺崙，陳慧萍著. -- 初版. --
臺北市：財團法人豐年社,2022.07 面； 公分
ISBN 978-957-9157-64-3(精裝)
1.CST：李登輝 2.CST：臺灣傳記 3.CST：農業政策

783.3886 111010361